JN236919

伝わる！

文章力が身につく本

小笠原信之

高橋書店

欠陥文章を達意の文章に変える80のポイント

　今は誰もが文章を書かざるを得ない時代です。文章の出来一つで仕事がスムーズにも運べば、反対に滞ることもあります。友人とのメールでも気の利いた文章が相手を感心させるかと思えば、文面一つで人間関係が壊れることさえあります。**今や"できる人"が備えるべき重要要件の一つ**が、文章作成能力と言えるかもしれません。

　しかし、何をどう書いたらよいのか、多くの人は習った経験がありません。その結果、何が言いたいのかよくわからない文章が氾濫[はんらん]しています。書いた当人が難点を自覚しながらもどう手直しすべきかわからないケースから、書いた本人も何がなんだかよくわからないケースまで、実にさまざまな"欠陥文章"があふれています。「困った、どうしよう」と頭を抱える人たちを、私は数多く見てきました。

　でも、そんなに大げさに考えることもありません。日頃、私たちが書く実用文で目指すべきは、筆者の伝えたいことが思いの通り相手に伝わる「**達意の文章**」だと思います。これがすべての基本です。さらに注文をつければ、わかりやすく、それでいて中身

が濃く、筆者の言うことに納得できるなど、きりがありません。でも、それらすべての要求の土台とされるべきが、「達意」ということなのです。本書の目標もそこにあります。

　私はジャーナリストとして38年間、文章を書いて仕事をしてきました。このうち、半ば以降の24年間は本業のかたわら、文章講座や日本語学校、予備校、大学の講師として、学生、一般人、ビジネスマン、ライターや編集者を志望する人、プロのライター、さらに外国人ら、総計数千人の人たちに日本語の文章について指導をしてきました。

　その経験から言えることは、**ステップを踏んできちんと学べば文章力は確実にアップする**ということです。そのとっかかりとなるのが本書です。これまでの指導経験で私が得た日本語文章作成に関する80の基本的考え、ノウハウ、テクニックを、初心者向けにできるだけわかりやすく説明するよう心がけました。

　そのエッセンスをかいつまんで紹介すれば、私は文筆生活のスタートを切った新聞記者時代に記事を構成する基本要素・5Ｗ1Ｈ（六つの疑問詞に象徴される要素）の大事さについて取材活動を通じて徹底的に鍛えられました。外国人向けの日本語教師時代

には、まったく日本語を知らない外国人にイロハからのすべてを日本語で教える直接教授法の実践を通じ、日本語の語いや文法、文の作り方をやさしく教える技術と能力を養いました。大学入試の小論文講師としては、論理的・客観的思考とその文章化に心を砕いております。さらに翻訳の仕事で日本語と外国語（英語）の文章の根本的違いを理解してきました。

　そんな経験のすべてを本書に活かしたつもりです。本書は4章から成り、第1章の土台固めから始め、次に内容の充実を図り、さらに語法を身につけ、最後に文章の組み立ても考えます。最も基本的なことから次第にレベルを上げる体系的な構成になっているので、ページ順に進んでください。そうすれば学んだことが次のステップの土台となり、学習効果をいっそう高めてくれるはずです。もちろん、ふだん気になっている事項を拾い読みしていくことも可能です。

　第1章〜第3章では、各項目ごとに例文とその改善例をふんだんに示し、どこをどう直せばよいかを具体的に示しました。さらに、その改善がどんな理屈に基づくのかもかんたんに説明してあります。図やイラストでわかりやすくする工夫もしました。また、

文法的な込み入った説明は避けていますが、**解説はいずれも原理・原則的な理屈をふまえたものです**。この原理的なところまで理解していただければ、学んだことの応用範囲が広がります。ぜひ、こんなことも意識しながらお読みください。

　逆に言えば、その場しのぎ的なテクニックだけの紹介はしないようにしました。「ハウツー本」によくある、そうしたテクニック類は、たくさん覚えることで物知りにはなれますが、本に書いていないケースに直面したときに何の役にも立ちません。文章作成の機会が増え、文章をたくさん書くようになるほど、予期しない"難問"がこれでもかと立ち現れてきます。
　40年近い私の文筆生活も、そうした難問の連続でした。そのたびに立ち止まり、自分で解決法を探し考えてきました。そうして苦しんで得た経験のエッセンスは幅広い実用文に使えるものばかりですので、ぜひご活用ください。

小笠原　信之

目次

COLUMN　知性と心をコントロールする　………………　10

第1章　文の土台を固めよう

正確に伝える
- ❶　主語をはっきり出す　………………………………　12
- ❷　推量は「〜らしい」、断定は「〜である」　………　14
- ❸　主語と述語を近づける　……………………………　16
- ❹　「副詞と動詞」「形容詞と名詞」を近づける　……　18
- ❺　具体的・客観的に伝える　…………………………　20
- ❻　専門用語は初出時に説明する　……………………　22
- ❼　読点を感覚で打たない　……………………………　24
  - ・読点の打ち方・基本ルール　………………………　26

あいまいさをなくす
- ❽　「そうした中」とはどんな中か　…………………　28
- ❾　「が」は逆接のときしか使わない　………………　30
- ❿　「とか」「かも」で文を終わらせない　……………　32
- ⓫　「〜だろう」を多用しない　………………………　34
- ⓬　漢字とひらがなを使い分ける　……………………　36
- ⓭　何でも「こと」「もの」で片づけない　……………　38
- ⓮　修飾語句には置く順番がある　……………………　40
- ⓯　こそあど言葉を乱用しない　………………………　42
- ⓰　一つの文にあれこれ詰め込まない　………………　44
- ⓱　「れる」「られる」はなるべく使わない　…………　46

スッキリさせる
- ⓲　重ね言葉は文を稚拙にする　………………………　48
  - ・よくある重ね言葉と改善例　………………………　50
- ⓳　似た意味の言葉を繰り返さない　…………………　52
- ⓴　一つの述語でまとめる　……………………………　54

言葉のレベルをそろえる	㉑ 「〜的」「〜化」「〜性」を乱用しない	56
	㉒ 難しい言葉と易しい言葉を交ぜない	58
	㉓ 話し言葉を混入させない	60
	㉔ 語句を対等な関係にそろえる	62
	㉕ 「と」「に」「や」は最初の語句の後に置く	64
構文を意識する	㉖ 短ければ良い文とはかぎらない	66
	COLUMN 誰に読ませるのかを意識する	68

第2章　内容を豊かにしよう

文に変化をつける	㉗ 「〜です」よりも「〜だ」「〜である」で伝える	70
	㉘ 過去の話に現在形を入れる	72
	㉙ 同じ言葉を繰り返さない	74
ステレオタイプ表現に注意する	㉚ 決まり文句を避ける	76
	㉛ 比喩表現を避ける	78
表現を引き締める	㉜ 文を飾りすぎない	80
	㉝ 無駄を徹底的に削る	82
文をやわらかくする	㉞ 漢語より和語のほうが優しい	84
	㉟ "ひらがな"のほうがやわらかく響く	86
	㊱ 「まず」「そして」を極力削る	88
	㊲ 談話を入れて文をリアルに	90
文に動きを出す	㊳ 文に"動き"を出すひと工夫	92
	㊴ 文に"迫力"を出すひと工夫	94
文にひと味加える	㊵ 敬語をきちんと使いこなす	96
	㊶ 謙譲語をきちんと使いこなす	98
	㊷ 「て」でつなぐか「、」で分けるか	100
	㊸ 「そうだ」「ようだ」「らしい」の使い分け	102
品をよくする	㊹ カタカナ語を乱用しない	104

目　次

㊺「？」「！」を乱用しない …… 106
㊻ 体言止めは情報不足 …… 108
㊼「～たいと思う」を使わない …… 110
インパクトを強める ㊽ キーワードを盛り込む …… 112
㊾ すごさを一目でわからせる …… 114
㊿「ので」と「から」ではインパクトが違う …… 116
(51) 語順を変えて文を強く …… 118
読み手を説得する (52) 事実を紹介したら、その意味も明らかに …… 120
(53) 強い具体的・客観的根拠をつける …… 122
(54) 自信をもって断定形にする …… 124
(55) 感動や感情を押しつけない …… 126
COLUMN 抽象と具体の行き来 …… 128

第３章　語法を意識しよう

主　語 (56) 主語を示す「は」と「が」の使い分け① …… 130
(57) 主語を示す「は」と「が」の使い分け② …… 132
(58) 主部と述部「～したのは～からだ」 …… 134
助　詞 (59) 行く先を示す「へ」「に」「まで」 …… 136
(60)「で」と「に」を使い分ける …… 138
(61)「～がしたい」「～ができる」 …… 140
(62) 対比を表す「は」の使い方 …… 142
助動詞 (63)「れる」「られる」を使い分ける …… 144
(64)「せる」「させる」を使い分ける …… 146
副　詞 (65) セットで覚える副詞と文末 …… 148
述語・述部 (66) セットで覚える名詞と動詞 …… 150
• この名詞には、この動詞 …… 152
(67) 特定の名詞には、特定の数え方 …… 154

- この名詞には、この数え方 …… 156
COLUMN 問題箇所はわかっても、理屈がわからない …… 158

第4章　組み立てのノウハウを知ろう

文章の組み立て

⑱ 必要な材料を集める …… 160
⑲ 書く前に徹底的に考える …… 162
⑳ 話を組み立てる …… 164
㉑ 平べったい内容を立体的に …… 166
㉒ 実用文の基本は"結論先行" …… 168
㉓ 前文（リード）を立てる …… 170
㉔ 論文・小論文は序論→本論→結論の流れに …… 172
㉕ 話はどこからでも始められる …… 174
㉖ "出だし"で読み手をひきつける …… 176
㉗ 一つの段落に一つの話 …… 178
㉘ "同じ仲間"を同じ段落に集める …… 180
㉙ 主題から目を離さない …… 182
㉚ "結び"をうまくつける …… 184

COLUMN 文章力の養成法 …… 186

巻末特集　知っておくと便利なこと

● 表現・表記の基本ルール …… 188
● 同音同訓異義語一覧 …… 190
● 言い換え表現一覧 …… 198
● 書き終えた後にすること …… 207

編集協力・白木達也　　本文デザイン／DTP・鈴木祐美　　本文イラスト・Boojil

知性と心をコントロールする

　文章づくりは知性と心配りの要る作業です。伝えたいことが何かをつかみ、それを意図した通りに伝えるには、どんな材料をどう配置したらよいかを考えなくてはいけません。内容にふさわしい語いや表現も、選ばなくてはなりません。

　つまり、どんな文章を書くにも、**内容の把握、材料の取捨選択と効果的な配置、内容にふさわしい語彙・表現の選択**が不可欠なのです。それともう一つ、どんな人が読むのかも意識し、**内容や表現を読者に合わせること**も重要です。いずれも知性と心をしっかりと働かせないとできない作業です。それが欠けると、よい文章が生まれません。

　裏返せば、よい文章には筆者の知性と心のコントロールが隅々までに行き渡っているのです。「なるほど」と感心しながら読み進められる文章は、そんな技のおかげです。それでいて読み手にそうとは悟らせない。そんなことができたら、もはや実力はプロ並みです。

　そこまで行かなくとも、筆者の神経が行き届いた文章には自ずと気品が漂うものです。芸術やスポーツ、仕事でも同じです。コントロールがよく利いたパフォーマンスは、見事な職人芸を見せられるようでスカッとします。文章もしかりです。

第1章

文の土台を固めよう

正確に伝える
あいまいさをなくす
スッキリさせる
言葉のレベルをそろえる
構文を意識する

ステップ1

1 正確に伝える
主語をはっきり出す

> **原文**
> 忙しい現代、わずかなプライベートな時間も自由にならない。
>
> ⬇
>
> **改善例**
> 私はとても忙しいので、わずかなプライベートな時間も自由にならない。

🎀 主語のない文は、内容が不明確

　原文には主語がありません。「忙しい現代」と冒頭にあるので、すべてを時代のせいにしてしまい、現代人はみなプライベートな時間さえ奪われていると言いたげです。でも、「プライベートな時間」が「わずか」なのかどうかは、人によって違います。仮に「わずか」であっても、「自由になる」かならないかも人によって異なります。筆者は、現代人はみな同じと見ているようです。

　主語を明確に出すことは、その文が何について書かれたか、その範囲を示すことです。「私が」と書けば、私のことについて何かを書くと宣言しているのです。助詞の「は」「が」で示す主題・主語は、その1文が誰の（何の）、動作・状態・属性・意見などを表すのかを示します。

　ビジネス文書、契約文書などでは、**各文の主語をはっきりさせないと、トラブルの原因になりかねません**。

[原　文] あのころはうれしいにつけ、悲しいにつけ、歌をよくうたったものだ。

[改善例] あのころの 私たちは うれしいにつけ、悲しいにつけ、歌をよくうたったものだ。

　主語を表す際には、正確さにも気をつけましょう。たとえば、「鉛筆が折れた」と「鉛筆の芯が折れた」では事実が違います。「ボールペンが切れた」も不正確で、「ボールペンのインクが切れた」が正確です。このように、**正確な主語をつかんでから書き出しましょう**。そうすることで、何について何を言いたいかがはっきりするはずです。

目的語も正確に出すと何について書くかがはっきりする

　何のどんなことについて書くのかをはっきりさせるのは、主語だけにかぎりません。目的語についても同じことが言えます。

●エアコンを入れた。

　こんな文があったら、その意味をどうとりますか。「それまでエアコンなしで済ませていた部屋に、エアコンを入れた」という意味にもとれるし、「エアコンのスイッチを入れた」ともとれます。あるいは「空いているスペースにエアコンを収納した」と解釈する余地もあります。

　会話であれば、状況や様子からかんたんに判断できることでも、文章ではそうした情報がない分、より確かな書き方が要求されます。

2 正確に伝える
推量は「〜らしい」、断定は「〜である」

> **原文**
> 2005年、日本の人口が初めて自然減少したらしい。この傾向は今後も続き、2100年には6400万人に半減する。

> **改善例**
> 2005年、日本の人口が初めて自然減少した。この傾向は今後も続き、2100年には6400万人に半減すると予測されている。

🎀 文の内容は断定か、推量・伝聞かを意識する

　文で伝える内容は、**事実として断定できることもあれば、推量や伝聞のこともあります**。確実なことなのに推量表現する、逆に推量にすべきなのに言い切ってしまう。他者から聞いた話なのに、自分の意見として書いてしまう。これでは読み手が混乱しますし、書き手の信頼も失われます。

　原文では、日本の人口の自然減少を「したらしい」と推量しています。そうしながら、次の文で「この傾向は今後も続き」「2100年には6400万人に半減する」と、将来予測なのに断定しています。**事実として明らかなことに推量を用い、推量にしかすぎない将来予測に断定を用いています。これではあべこべです。**

　信頼できる国の人口統計調査に基づくのなら、調査名も明らかにした上で「自然減少した」としましょう。予測の場合も、それを誰が予測したかをはっきりさせて「○○は〜と予測している」と書けば、内容への信頼性

が高まります。次のようにします。

> 国の人口統計調査によれば、 2005年、日本の人口が初めて自然減少したことが明らかになった。 調査を行った国立社会保障・人口問題研究所は、 この傾向は今後も続き、2100年には6400万人に半減すると予測している。

伝聞や引用の場合も、筆者自身の意見とそれを、しっかり区別する必要があります。「〇〇さんは『〜』と話している」などと表現しましょう。

- ●断定　〜だ／〜である／動詞・形容詞の終止形
- ●推量　〜だろう／〜らしい／〜かもしれない／〜と推測される／
　　　　〜と予想される／〜と思われる／〜と考えられる／〜のようだ
- ●伝聞　〜だそうだ／〜と言われている

POINT
断定形は訴える力が強いが断定するには根拠が必要

　文末を「〜だ」「〜である」という断定形にしたほうが、「〜だろう」「〜だそうだ」といった推量や伝聞よりも、訴える力が強まります。かといって、なんでもかんでも断定調で書けばよいというものでもありません。
　問題は、形でなく内容です。断定的に言うには確かな根拠が必要ですし、事実が問われる場合には事実である確証が要ります。根拠や確証なしに断定形を用いれば、強引な印象だけを読み手に与えます。逆に、確証がある断定形は説得力を生みます（124ページ参照）。

3 正確に伝える　主語と述語を近づける　よくある

原文
証人は容疑者が店員が外の騒音に気をとられている最中に万引きしたのを見たと言った。

⬇

改善例
店員が外の騒音に気をとられている最中に容疑者が万引きしたのを証人は見たと言った。

🎀 関係の深い言葉同士は近くに置く

　文の始まりから「証人は」「容疑者が」「店員が」と3人の人物が登場します。いずれも「は」「が」という主語を表す格助詞を伴っているので、主語になりうる名詞です。さて、こうなると**読者は誰が主語なのか、それぞれがどの述語につながるのか**と戸惑ってしまいます。

　こんなことが起きるのは、**小さな三つの文が3層に重なる「入れ子文」になっているから**です。大きな箱の中に中ぐらいの箱、さらにその中に小さな箱が入っているのです。内容を図で表すと、次のようになります。

```
③証人は
  ②容疑者が
    ①店員が外の騒音に気をとられている最中に
                          万引きしたのを
                              見たと言った
```

これを改善するには、①②③の順に、すなわち入れ子の中心の文から順に外へ出してやればよいのです。①はよいとして、②の文では「容疑者」と「万引きした」、③では「証人」と「言った」という**最も関係が深い主語と述語を近づけてやるのです**。三つの文がそれぞれのかたまりを形成しながら順番に登場することになります。読者は一つひとつの文の内容を理解しながら、文全体の意味もすんなりと理解できることでしょう。

<u>店員が外の騒音に気をとられている最中に</u>　<u>容疑者が万引きしたのを</u>
　　　　　　　　①　　　　　　　　　　　　　　　　②

<u>証人は見たと言った。</u>
　　　③

　ただし、こんな多重構造の文がよい文とは言えません。このようにときほぐす前に、こうした複雑な文を作らないに越したことはありません。**なんでもかんでも一つの文の中に詰め込んでしまわず、一文一意を心がけてできるだけ単純化を図るようにしてください。**

> **POINT**
>
> ## 単語レベルでも
> ### 縁の深い言葉同士を近づける
>
> 　単語レベルでも縁の深い言葉同士が離れていてわかりにくいことがあります。たとえば「繊細な顔に似合わない性格」という表現です。「繊細な」は「顔」でなく、最後の「性格」と縁が深いはずです。
> 　顔はいかついのに性格は繊細だ……そんなことを言いたいなら、「繊細な」と「性格」を近づけて「顔に似合わない繊細な性格」とします。

4 「副詞と動詞」「形容詞と名詞」を近づける

正確に伝える　よくある

原文
ともあれ困難が予想されるかもしれないが、始めよう。

⬇

改善例
困難が予想されるかもしれないが、ともあれ始めよう。

🎀 修飾語はかかる言葉の直前に置く

　副詞は主に動詞を修飾します。たとえば「すぐ行く」「しっかり働く」「あっさりあきらめる」という文はどれも、【副詞＋動詞】で作られています。こういう単純な文では両者のつながりがよくわかりますが、さらに**他の要素が入り込んでくると、副詞と動詞が離れ離れになり、副詞のかかり具合がわかりにくくなってしまう**ことがあります。

　原文では「ともあれ」という副詞と「始めよう」という動詞の間に、「困難が予想されるかもしれないが」が入っています。会話ならこれでも通じます。「ともあれ」と強く発音し、少し間を置いてから「困難が予想されるかもしれないが、始めよう」とつなげば、言いたいことが相手に伝わります。
　しかし、文章でそんな手は使えません。「困難が予想されるかもしれないが」という推測を先に出し、**副詞（ともあれ）を動詞の直前に置くのが**、最上の方法です。

形容詞（形容動詞）と名詞についても同じことが言えます。
- ●不見識な大臣の発言
- ●大臣の不見識な発言

上の例で不見識なのは大臣です。下の例では発言が不見識です。誤読のおそれもあるので、副詞よりも形容詞のほうが置く位置に細心の注意が必要です。以下も同様な例です。意味をよりすっきりさせるには、右のように「の」の部分を改善します。

- ●甘いクリームのお菓子（甘いのはクリーム）
  ➡甘いクリームを使ったお菓子
- ●クリームの甘いお菓子（甘いのはお菓子）
  ➡クリームを使った甘いお菓子
- ●不思議な体験の夢（不思議なのは体験）➡不思議な体験をする夢
- ●不思議な夢の体験（不思議なのは夢）➡不思議な夢を見た体験

POINT 副詞は動詞以外も修飾できる その場合も両者を近づける

　副詞は形容詞や副詞、名詞も修飾できます。「たいそう寒い」は「寒い」という形容詞を、「もっとゆっくり」は「ゆっくり」という副詞を、「およそ３キロ」は「３」という数字を修飾しています。これらのケースでも、間に余分な要素があるとわかりづらくなります。「たいそう上空に強い寒気団があるので寒い」「もっと息切れがするのでゆっくり」「およそ新生児と同じ３キロ」などとすると混乱します。以下のように直します。
- ●上空に強い寒気団があるので、たいそう寒い
- ●息切れがするのでもっとゆっくり
- ●新生児と同じおよそ３キロ

5 具体的・客観的に伝える

正確に伝える / よくある

> **原文**
> 納期が迫ったので、徹夜の生産態勢に入った。
>
> ⬇
>
> **改善例**
> 納期が3日後に迫ったので、徹夜の生産態勢に入った。

🎀 具体性を盛り込むことで正確に伝わる

　たんに「納期が迫った」と書くだけでは、納期がどれほど近いのかがわかりません。「徹夜の生産態勢に入った」ほどですからよっぽどのこととは推測できますが、読み手は想像するしかありません。そこで、あいまいさを残さずに「3日後に」と明示すれば、その切迫度がわかります。

　時間の問題にかぎりません。**程度を具体的に示せるものは、数値などを出すと読み手によく伝わります。**

　ほかにも次のような例があります。

- 雲を突くノッポビル ➡ 地上高250メートルの超高層ビル
- 売り上げを急速に伸ばした。 ➡ 売り上げを半年間で3倍に増やした。
- 少々お待ちください。 ➡ あと5分ほどお待ちください。
- 売り上げが急増した。
  　　　　　　➡ 売り上げが、月に100個から300個へ急増した。

「大きい」「小さい」「古い」「新しい」「さまざまな」などの形容詞・形容動詞、「少し」「たくさん」「すぐに」「しばらく」「大幅に」などの副詞は、数量や程度を表しますが、その尺度は人によって異なります。含みをもたせる文学的な文章はさておき、**実態をより正確に伝える実用文では、抽象的・主観的な表現よりも具体的・客観的な表現を心がけます。**

POINT
具体的情報にその根拠もつけるとよい

　具体情報を示す場合、判断根拠も添えると、説得力がいっそう増します。たとえば、電車が何らかのトラブルでとまってしまった場合に「あと10分ほどお待ちください」としか言わないのでは、乗客はいらいらします。

　駅の掲示板に張り出す情報も同様です。「この先の踏み切りで人が線路内に入ったとの情報があり、確認を急いでおります」との説明があれば、「10分」という数字も信じられます。

　会社や組織のさまざまな情報を出す際にも、こうした根拠づけを心がけましょう。

6 正確に伝える
専門用語は初出時に説明する

> **原文**
> 春期の渡り鳥のMR行動は体内時計の影響を受けるが、秋期は未確認だった。そこで、私は秋期のMR行動について調べた。

> **改善例**
> 春期の渡り鳥のMR行動（移住直前に見せる落ち着きのなさ）は体内時計の影響を受けるが、秋期は未確認だった。そこで、私は秋期のMR行動について調べた。

🎀 つねに読み手を意識して書く

　原文では「MR行動」が何かを説明しないまま、使い続けています。読み手は「MR行動って何だろう」との疑問をずっと抱き続けます。読んでいるうちに意味がなんとなくわかってきても、正確に理解したとは言えません。

　素人にどうしても理解してもらえそうにない専門用語なら、一般向け文章で使うべきでありません。でも、会社内の文書で技術部門の専門的内容を他部門に伝える必要があったり、一般向けのPRパンフレットで専門用語を書かざるを得ないこともあります。

　そんなときには、初出時に意味をわかりやすく説明しておきます。改善例では「MR行動（移住直前に見せる落ち着きのなさ）」とかっこ内にかんたんな説明をつけました。これさえあれば、後は「MR行動」をそのま

ま使えるのです。このようにかんたんには済まない場合には、本文内できちんと説明します。あるいは、本文とは別扱いにしてしっかり説明することもできます。

同様に、組織やプロジェクト、病気などの略称にもかんたんな説明や和訳をつけておくとよいです。以下のような例です。

- WHO（世界保健機関）
- ASEAN（東南アジア諸国連合）
- IPCC（気候変動に関する政府間パネル）
- エイズ（AIDS＝後天性免疫不全症候群）

こうした説明をどこまで詳しくするかは、**書き手が読者層の理解度を推し量りながら決めればよいことです。**

POINT 一般化した専門用語に説明は要らない

　一般人もわかっているような専門用語に説明をつけると、くどくなります。たとえばサッカーの「ハットトリック」について、「〇〇選手はこの試合で、一人で3得点を挙げる珍しい活躍ぶりを見せた」なんて書くと、かえってわかりづらいはずです。「〇〇選手がこの試合でハットトリックをやった」と書いたほうが、ストレートにそのすごさが伝わってきます。これらは、専門用語が普通名詞化してきている例と言えそうです。

7 読点を感覚で打たない

正確に伝える / よくある

原文
口はうまいが、行動を伴わない人は尊敬されない。

↓

改善例
口はうまいが行動を伴わない人は、尊敬されない。

🎀 ルールを知って誤読を防ぐ

　読点の打ち方にはルールがあります。それを十分に使いこなせるようにすることは、とても重要です。ルール通りにきちんと読点を打つことで論理と文意が明確になり、誤読されなくなるからです。

　読点の最大の役割は、1文中の要素を内容に従って大きくグループ分けすることです。**関係の深い語句同士をまとめ、関係の浅い語句を切り離す**ことで、内容をスムーズに理解させるのです。グループ分けの数は、内容次第で増減します。

　原文では「口はうまいが」と「行動を伴わない」という、その人の属性二つを読点で分けています。関係の深い同士なのに切り離しているのです。「行動を伴わない人は尊敬されない」が独立しているため、それと切り離された「口はうまいが」が宙に浮いています。

　改善例では「口はうまいが行動を伴わない」をひと続きにし、主語である「人」にかけています。読点はその主語と「尊敬されない」という述語の間に打たれ、**「主語・述語」の関係をはっきりさせています**。

ただし、例文を「あの人は口がうまいが、行動を伴わない」という文にすると、事情が変わります。「口がうまい」をプラス面とすれば、「行動を伴わない」がマイナス面です。「あの人」の対照的な２面を述べる文ですから、逆接の助詞「が」をはさむ前後の述語（口がうまい／行動を伴わない）を読点で分ければよいのです。

詳しくは次ページ（読点の打ち方・基本ルール）を参照してください。

POINT 「息継ぎをするところに点を打つ」は間違った俗説

読点の打ち方にはルールがあるのに、学校教育ではほとんど教えられてきませんでした。

よくあるアドバイスは「読んで息継ぎをするところに打つ」というものですが、こんないい加減なものはありません。肺活量で異なりますし、感覚でも違ってきます。

しかし、こんな説がもっともらしく通用しているのも事実です。読点は文の論理性を高めるのにきわめて重要な要素であることを、ぜひここで再認識してほしいです。

読点の打ち方・基本ルール

①文の主題・主語となる語が長いとき、その後に
- 昨夜から降り始めた雨が、昼過ぎにやんだ。

②引用を示す「と」の前に(引用かっこの代用)
- こんな経験は初めてだ、と彼は驚いた。

③接続詞・逆接の助詞の後に
- しかし、その意見には素直に同意できない。
- 空はきれいに晴れたが、気温は低い。

④原因・理由・条件などを表す節の後に
- 人間が奥地まで開発したので、野生生物が激減してしまった。
- その花に近づくと、甘い香りがただよってきた。

⑤時を表す言葉の後に
- 8月15日、長い戦争が終わった。
- 今朝、彼からの電話で起こされた。

⑥名詞や動詞に修飾語が二つ以上つくとき、それぞれの間に
- それは、江戸時代の、神保町で見つけた、貴重な地図です。
- 文字は、楷書で、きちんと、読みやすいように書こう。

⑦文・節・句・語などを並列的に並べるとき、それぞれの間に
- その地方はよい水がわき、うまい米がとれ、酒造業が栄えた。
- 人は思想、信条、信仰によって差別されてはならない。

⑧言い換えや説明のとき、その間に(「つまり」「すなわち」と同義)
- 下町の風物詩、入谷の朝顔市に人が殺到した。

── これさえマスターすれば十分！ ──

⑨挿入句のあるとき、その前後に
- この地方は、ただし山間の一部地域を除くが、豊かな土壌に恵まれている。

⑩強調するとき、強調語句の後に
- 彼が、それを成功させたのです。
- ストップさせよう、交通事故死を。（倒置文）

⑪独立語の後に（呼びかけ・応答・驚嘆などの言葉）
- やあ、お元気？　ええ、まあなんとかやっています。

⑫格助詞を省略したとき、その後に
- うれしい便り、あったんです。（主格の助詞「が」を省略）
- えらい難問、抱え込んでしまった。（目的格の助詞「を」を省略）

⑬読みを区切らせたいとき、区切らせるところに
- おぎゃあ、おぎゃあ、元気な赤ちゃんが生まれた。（泣き声）
- そこのあなた、どうしました？（人への呼びかけ）
- ひとつ、ふたつ、みっつ、数が増えるにつれ〜。（数を表す言葉）
- にしん来たかと、かもめに問えば、あたしゃ立つ鳥、〜。（歌詞の区切り）

⑭仮名が続いて読みにくいとき、分割するところに
- ここで、はきものを脱いでください。（ここでは、きものを脱いでください。）

8 あいまいさをなくす
「そうした中」とはどんな中か

原文
浄水器のCMが増えてきている。そうした中、飲料水の宅配サービスを行う企業が増えている。

↓

改善例
飲み水への関心が高まっている。そうした中、飲料水の宅配サービスを行う企業が増えている。

🎀 「そうした中」「そんな中」をむやみに使わない

　最近、「そうした中」「そんな中」という表現を使う人が、とても増えています。

　原文では「浄水器のCMが増えてきている」という現象を紹介しています。「そうした中」で次の文につなげば、その現象と次の文の中身との関係は、下図のようになります。

浄水器のCMが増えてきている。そうした中、　　飲料水の宅配サービスを行う企業が〜

つまり、**前の現象が大きく広がる中から、後の事例が出てきたという関係です**。でも、「浄水器ＣＭの増加」と「飲料水の宅配サービス企業の増加」は、そうした関係でしょうか。浄水器の、しかもＣＭです。そんなＣＭがいくら増えても、「宅配サービス」が増えるはずがありません。くっつけようがない現象二つを、「水」というキーワードでむりやりつなげています。

改善例は、「そうした中」でつなぐ二つの文が、きちんと論理的につながっています。書き手がこの２文で強調したいのは、後の文の内容です。ですから、「飲料水の宅配サービス〜」の文はそのまま残し、**前の文をそれにふさわしい内容に変えています**。「飲み水への関心が高まっている」と変えれば大きな広がりを表し、その中から「飲料水の宅配サービス」が増加している事実につなぐことができます。

> **POINT**
>
> ## 「そうした中」でつなぐ二つの文の間には きちんとしたつながりがなくてはならない
>
> 二つの文をＡとＢとすると、二つの間には次のような関係があります。
> ①ＡがＢより先に存在する。
> ②Ａはすでに知られた、大きな広がりのある事実であり、Ｂは新しい事実である。
> ③Ａは導入の「まくら」役にすぎず、話の中心はＢにある。
> ④ＢがＡから出てきたのは、連鎖反応を起こしたり、出てくる必然性があったりという、何らかの関係があるからである。
>
> こうした関係がないのに、ただ何となく「そうした中」で二つの事実をつなぐと、文意をあいまいにするばかりか、筆者自身もいい加減な人間だと思われます。

第１章　文の土台を固めよう

9 あいまいさをなくす　よくある
「が」は逆接のときしか使わない

原文
同県は「安心でおいしい水プロジェクト」をスタートさせたが、その際に「高度浄水処理装置」を導入した。

↓

改善例
同県は「安心でおいしい水プロジェクト」をスタートさせ、その際に「高度浄水処理装置」を導入した。

🎗 接続助詞「が」は逆接にかぎって用いる

　原文は、「水プロジェクト」をスタートさせたことと、「高度浄水処理装置」を導入したことを、接続助詞「が」でつないでいます。「が」の代表的な使い方は「逆接」ですが、この文の中身は逆接ではありません。同時に二つの事実が起きたことを説明しているだけです。**改善例のように「が」を使わず、「〜させ、」とふつうの方法で後半へつないだほうが、ずっとスッキリします。**

　「が」は逆接のイメージが強いため、「〜をスタートさせたが、」まで読むと、読み手は何か困ったことが起きたのかと想像します。その後に順接の内容が出てくると、裏切られた気分にもなります。

　また、このように「が」を順接でつなぐ場合、書き手自身が「が」の前後の内容をしっかり吟味していないことがしばしばあります。次のような例です。

原　文 気になるお値段だが、ちょっと安めになっている。

改善例 気になるお値段は、ちょっと安めになっている。

　「値段」が主語、「安めに〜」が述語の平凡な文ですから、ストレートに表現すればよいのです。こうした原文の順接の「が」を「あいまいの『が』」と呼べそうです。

　前項の「そうした中」と同様、この「が」もとても便利です。日常会話では「食べてみた**が**、やっぱりまずかった」「久しぶりの休日だ**が**、さて何をしようか」などと使います。会話ではそれでよいのですが、文章表現ではもっと厳密に「が」の働きを意識しましょう。**接続助詞「が」は逆接にかぎって用いることを、お勧めします。**

> **POINT**
>
> ### 逆接の「が」の前後では内容が逆転する
>
> 　「逆接」とは、「が」の前がよい事（＋）なら後には悪い事（−）が出てくるように、前半と後半で内容が逆転することです。反対に「−」→「＋」でもかまいません。原文はこの逆転がないので読み手の「予測」を裏切る、と説明しました。では、予測を裏切らない文に改善するとどうなるでしょう。
>
> - 同県は「安心でおいしい水プロジェクト」をスタートさせたが、資金難でスタート早々、行き詰まってしまった。
>
> 　こんなケースが考えられます。これが「が」の基本的な使い方と理解してください。

10 あいまいさをなくす
「とか」「かも」で文を終わらせない

> **原文**
> この分野における市場占有率は、A社とB社で全体の7割を占めているとか。しかし、当社が新規参入する余地はあるかも。
>
> ⬇
>
> **改善例**
> この分野における市場占有率は、A社が45％、B社が27％で合わせて72％を占めている。しかし、両社とも最近は業績にかげりが見られ、市場自体が未成熟なので、当社が新規参入する余地はあると考えられる。

🎗 文のあいまいさを象徴する、文末の「とか」「かも」

　「とか」も「かも」も、内容が不確かなことや疑問を表します。文末に置かれて述語が省かれると、不確かさはいっそう強まります。「とか」「かも」自体があいまいさいっぱいの上に、内容を決める述語まで省いてしまうのですから、あいまいさ倍増となるのです。

　会社の報告書を例文のような調子で書いたら、すぐに書き直しを命じられます。「もっとしっかり調べてから書け」と叱られるかもしれません。こんな文を書くのは、だいたいが調査不足ゆえです。**「とか」「かも」を消し、データできちんと裏づければ、信憑性が高まり、訴える力も出てきます。**改善例では根拠をつけ「とか」は「～ている」と言い切り、「かも」は「と考えられる」と意見にまで高めました。

プライベートな手紙などでも、事情は変わりません。次のような文（原文）を書いたら、その人の姿勢が疑われます。「彼」を仲間で励ましたり具体的に助力する手紙を書いているとしたら、改善例のように推測や伝聞の様子を明らかにするべきです。

原文 彼は○○病院に入院した とか 。でも、もしかしたら△△病院かもしれないし、自宅療養しているの かも 。

改善例 彼は○○病院に入院したと知人から 聞きました 。でも、また聞きなのではっきりせず、△△病院 だと言う人もおり 、退院して自宅療養している との説もあります 。

実用文では「とか」「かも」で打ち切る書き方はやめましょう。いずれにせよ、述語まで書き切るのが大原則です。

POINT 「とか」「かも」の後に述語が続けばよい

私が使わないほうがよいと説いているのは、述語を省略して文末に置かれた「とか」と「かも」です。たとえば「とか」には「〜とかいう噂(うわさ)もある」とか「タコスとかを初めて食べた」「好評だったとかいうことです」という使い方があります。「かも」には「〜かもしれない」という、よく使う推量表現があります。あくまでも文末の「とか」「かも」が問題なのです。

11 あいまいさをなくす　よくある
「～だろう」を多用しない

原文

我慢して目標を達成したら喜びが大きいだろう。だが、達成できないとがっかりするだろう。我慢が無駄になってしまうと思うことだろう。

改善例

我慢して目標を達成したら喜びが大きい。だが、達成できないとがっかりする。我慢が無駄になってしまうと思うかもしれない。

🎀 「だろう」の使いすぎは根拠のなさの表れ

　原文では三つの文末がすべて「だろう」になっています。謙虚な筆者で、断定的に書くと自信家に見られる、と心配したのでしょうか。でも、三つの文すべてを推量形にする必要はないはずです。

　私たちは我慢をいろいろ経験しています。ダイエットのために甘いものを控える。受験合格のために遊ばないようにする。こんなことはいくらでもありますね。そして、見事に目標を達成したら、喜びも大きい。

　「喜びが大きい」のはなにも自分だけが経験したことではなく、よくある事実なのです。こうした強い根拠があるなら、自信をもって「喜びが大きい」と断言しましょう。「達成できないとがっかりする」のも同じです。**断定形にすれば、どちらも人間の普遍的心理を表す文になります。**

さて、最後の1文です。「我慢が無駄になってしまうと思う」のは、当然でしょうか。「結果はよくなかったが、この経験は**次の機会に役立つはずだ。無駄ではなかった**」と思うかもしれません。我慢の過程で得たものに目を向けているのです。最後の1文については、多様な考えが可能なのです。

原文では「思うことだろう」とはしているものの、「無駄になってしまうと思う」のを当然視しています。推量形であるにもかかわらず、独断的ニュアンスが強いのです。

改善例では「〜と思う**かもしれない**」とそのニュアンスを弱めました。

> **POINT**
>
> ### 書く材料をそろえると
> ### 推量表現が消える
>
> 文章講座の受講生の中に、やたらと推量表現を用いる人がいます。
>
> 実際に取材をして週刊誌の記事を書く課題に取り組んでいるときのことです。「なぜ推量にしたの？」と聞くと、たいていは取材不足が明らかになります。断定形にできるだけの材料（根拠）がつかめなかった、だから推量形で逃げたというのが、どうやら真相のようです。
>
> 「次回までにこの点をしっかり取材してみてください」と求めると、書き直し原稿から推量表現がすーっと消えます。

12 あいまいさをなくす
漢字とひらがなを使い分ける

原文
先生に相談した所、「行き詰まった時には、考えるのをやめて置きなさい」との事だった。

↓

改善例
先生に相談したところ、「行き詰まったときには、考えるのをやめておきなさい」とのことだった。

🎀 ひらがなにすべき言葉もある

　漢字とひらがなを、ただなんとなく感覚的に使い分けていませんか。たいていはそれでかまわないのですが、**必ずひらがなにするべき場合があります**。改善例の「ところ」「とき」「こと」といった形式名詞、「おき」といった補助用言がそれです。それぞれ代表的なものを、以下に並べます。

形式名詞 こと、もの、ところ、とき、うち、わけ
補助用言 （「〜て」に続く形で）みる、おく、くる、いく、ほしい

　原文にある「**所**」は場所を表します。「先生に相談した所」と書けば、それは職員室だったなんて話になります。でも、そんな意味ではなく、ここでは「相談してみたら」ぐらいの意味で使っています。**漢字は表意文字なので、漢字で書くと文字がもともともっている意味が表面に出てきます**。

形式名詞はそれから離れた別の意味を表します。「**とき**」は「〜の場合」と同じ意味ですし、「**こと**」は先生の談話内容を受け止めてその全体を名詞化しています。漢字で「事」を使うのは、「芸事」「物事」「事なかれ主義」「事を起こす」といった具体的な事柄を表す場合で、実質名詞と呼ばれます。

補助用言の「**おく**」を「置く」にすると、何か物体をそこに置く意味になってしまいます。補助用言は「〜て」に続く形で用いられ、「〜」には動詞が入ります。例文では「やめて」に続いて「おきなさい」が出てきます。「おく」には「その状態を保つ」という意味があります。

漢字とかなの違いは、「時」で説明するとわかりやすいでしょう。「朝ごはんの**時**」「5歳の**時**」「戦争が終わった**時**」はいずれも「時間」「時期」に関わるので、漢字です。**時間と関係なければ、「とき」にします。**

なお、ひらがなにするのは、形式名詞、補助用言以外に以下のものがあります（86ページも参照）。

代名詞	あなた、どなた、これ、あれ……
助　詞	ぐらい、ほど、ながら、など……
副　詞	あえて、あくまで、いかにも……
接続詞	しかし、あるいは、また……

13 あいまいさをなくす
何でも「こと」「もの」で片づけない

原文
お互いの立場を尊重する<u>こと</u>が、国際親善には欠かせない<u>こと</u>である。相手の<u>こと</u>を理解する<u>こと</u>で、自分勝手な<u>こと</u>を言う<u>こと</u>もなくなる。

⬇

改善例
お互いの立場の尊重が、国際親善には欠かせない。相手を理解すれば、自分勝手も言わなくなる。

🎀 「こと」「もの」に代わる適切な言葉を探す

　原文の「こと」をぜんぶ刈り取ったのが、改善例です。原文は「尊重することが～欠かせないこと」と述べています。「尊重」だけで主語にできますし、「欠かせない」もそのまま述語にできます。ほかの「こと」も、同様に省略できます。「理解することで」だけ工夫が必要です。

- 相手のこと ➡ 相手
- 自分勝手なこと ➡ 自分勝手
- 言うこともなくなる ➡ 言わなくなる
- 理解することで ➡ 理解すれば

　「こと」「もの」はその前で述べた内容をまとめて名詞化してくれる、とても便利な言葉です。便利だと使いすぎてしまうのか、よく見かけます。ところが、そうしたケースでは、**より適切で具体的な言葉があるのに、そ**

れを探す努力をさぼっています。面倒くさがって「こと」「もの」に安易に頼るのです。そこに、あいまいさが潜むおそれがあります。あいまいさをなくすには、「適切な言葉」を探すべきです。「もの」を用いた次の例で考えてみます。

- 辞書は、わからない言葉を調べるものである。
- 食器とは、料理を入れるものである。
- 郵便受けとは、配達される郵便物を受け取るために設けたものだ。

例文それぞれの「もの」に適切な言葉を探せば、辞書には「書物」、食器には「器」、郵便受けには「箱」あたりが該当するでしょう。**同じ「もの」で表現している、その具体的中身はこんなにも違うのです**。面倒がらずに、ここまで踏み込んで表現しましょう。以下は改善例です。

- 辞書は、わからない言葉を調べる書物である。
- 食器とは、料理を入れる器である。
- 郵便受けとは、配達される郵便物を受け取るために設けた箱だ。

POINT
「こと」「もの」は便利だが中身があいまいになる

「こと」「もの」は物事を抽象化する言葉です。もともと「こと」は言、「もの」は物に由来し、いずれもとても広い範囲の事柄を表せます。だから便利ですし、それだけに中身もぼやけてきます。

しかし、実用文で大事なのは物事を具体的に表すことです。ここに悩ましいジレンマが生じます。便利だから手抜きにもってこいなんて思っていたら、何ていい加減なやつだと思われるおそれも十分にあります。

14 あいまいさをなくす　修飾語句には置く順番がある　よくある

原文
貴重な江戸時代の神保町で見つけた地図

⬇

改善例
神保町で見つけた江戸時代の貴重な地図

🎀 長いものを遠くに、短いものを近くに並べる

　「地図」という名詞に、「貴重な」「江戸時代の」「神保町で見つけた」という三つの語句がかかっています。

　東京の神保町は古本屋で有名な街です。古本屋めぐりをしていて江戸時代の貴重な地図を見つけた、そんな状況を思い浮かべてください。それが原文では「**江戸時代の神保町で見つけた**」と読まれかねません。「見つけた」のは今なのに、それが江戸時代になってしまうのです。

　どうしてそうなるかと言えば、「神保町で見つけた」が【名詞（神保町）＋助詞（で）＋動詞（見つけた）】から成る「句」だからです。それで句の直前にある「江戸時代の」が「神保町」にかかってしまうのです。

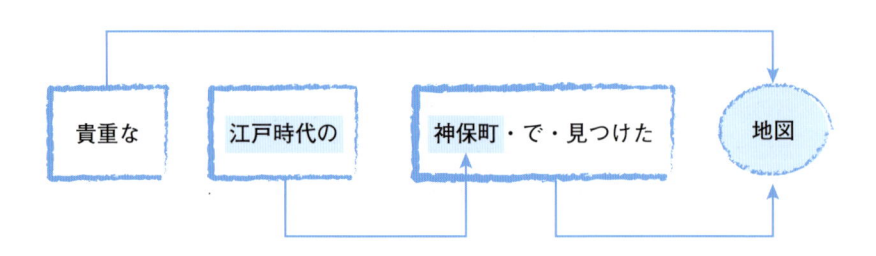

[貴重な] [江戸時代の] [神保町・で・見つけた] → [地図]

複数の語句を並べるときに、知っておくと便利な原則があります。**長い修飾語句はかかる言葉の遠くに、短いものは近くに、というルールです。**文例のように単語と句が交ざっているときには、**句を遠くに語を近くに**という順番になります。

　これは、動詞に副詞などの複数の語句がかかる場合にも使えます。下記がその例です。

> 原　文　文字は、 きちんと 読みやすいように楷書で書こう。

> 改善例　文字は、読みやすいように楷書で きちんと 書こう。

　原文では「きちんと」が動詞の「書こう」にかからず、「読みやすいように」にかかってしまいます。

POINT 状況を説明したり描写したりする場合には、大状況→小状況の順に並べるとよい

　情景描写や物事の説明にレベルの違うものを並べるときには、＜大状況から小状況へ＞が原則です。私たちは手紙で都道府県→市町村→番地の順に書きます。この考え方です。

　佐佐木信綱の秀歌「ゆく秋の大和の国の薬師寺の塔の上なる一ひらの雲」がその典型例です。「ゆく秋」「大和の国」「薬師寺」「塔の上」「一ひらの雲」という五つの要素を＜大→小＞という原則通りに並べています。ふつう、「の」を使いすぎると語句同士の関係がわかりにくくなりますが、並べ方一つでそんな問題も防いでいます。

15 あいまいさをなくす
こそあど言葉を乱用しない

原文

医食同源。**これ**はよく知られた言葉だが、**それ**を実践するのは難しい。**それ**は私たちが個々の栄養素について**その**働きをよく知らないからだ。

⬇

改善例

医食同源。よく知られた言葉だが、実践するのは難しい。私たちが個々の栄養素について働きをよく知らないからだ。

🎀「これ」「それ」は直前の語句・文を受ける

　原文にある「これ」「それ」「それ」「その」という指示語（こそあど言葉）を、改善例ではすべて外しています。意味が十分通じるだけでなく、引き締まった文になっています。

　このように**余計な指示語を入れると、文がくどくなります**。しかも、こそあど言葉は使い方を誤ると、文意がよくわからなくなります。次のような場合です。

●治療に薬は不可欠だ。ところが、**その**説明がないと、**それ**が患者をいっそう不安にさせる。医師は、**そんなこと**を理解しておくべきだ。

　まず、最初の「その説明」とは何の説明でしょう。「治療に薬が不可欠」なことの説明か、「薬」自体の説明か迷います。次の「それ」は直前の「その説明がない」ことを受けますが、「その説明」自体があいまいでした。

最後の「そんなこと」になると、前の二つのあいまいな文を受けるので、いよいよ迷ってしまいます。次のような、中身を確定した文にしましょう。

● 治療に薬は不可欠だ。ところが、使う薬について説明がないと、患者をいっそう不安にさせる。医師は、そんな患者の心理を理解しておくべきだ。

指示語は直前の語句・文を受けますが、直前の文に複数の指示候補があると、解釈を迷ってしまいます。そんな場合には指示語を使わず、語句自体を表に出すべきです。

指示語は同じ言葉の繰り返しを省く便利な道具ですが、使い方次第では困った道具にもなります。

POINT 「こそあど」で長い名詞や文を受ければくどさが一気に解消する

指示語は多用するとくどくなると冒頭で指摘しましたが、実は指示語の重要な働きはくどさの解消にあります。長い名詞や文全体を「これ」「それ」という2文字で受けとめてしまうのです。

たとえば、「宴会コースにはもう一つ、『飲み放題5000円コース』もある。この『飲み放題5000円コース』は〜」という文。「飲み放題5000円コース」が出るたびにそのまま書いていたら、実にくどいですね。2回目から「これ」で受ければすっきりします。

あいまいさをなくす　　　　　　　　　　　　よくある
16 一つの文にあれこれ詰め込まない

原文

この事件の問題点は、賞味期限切れと知りながらその材料を使っていたことはもちろん、そのことで社会的責任を追及されたくないという誤った判断のため、社内で問題が発覚したとき、公表しなかったことである。

改善例

この事件の問題点は、賞味期限切れと知りながらその材料を使っていたことだ。さらに、そのことで社会的責任を追及されたくないという誤った判断もあった。そのため、社内で問題が発覚したとき、公表しなかった。それも問題である。

一文一意の原則を心がける

　1文中にたくさんの内容を詰めすぎると、読むほうがうんざりします。それだけではありません。詰め込んで1文が長くなると、読んでいる途中で最初のほうに何が書かれてあったのか忘れることがあります。そんな場合、書き手自身も前半の内容を忘れて書き続けたと考えられます。
　そうなると、**前半と後半で内容が矛盾したり、主語と述語が対応しない「ねじれ文」を起こしたりします。誤読もされやすくなります。**

　この原文は読みにくく、内容が理解しにくいです。文の中身は、賞味期限切れの材料を使っていた食品メーカー事件の問題点を指摘しています。
　内容は、

①賞味期限切れと知りながらその材料を使っていた
②そのことについて社会的責任を追及されたくないという誤った判断があった
③社内で問題が発覚したとき、公表しなかった
——という三つの要素に分かれます。

それらを「〜はもちろん」「〜のため」という"接着剤"で強引につないで1文に仕立てています。

改善例は、「一文一意」を原則に、三つの要素をそれぞれ独立文にしています。そこにつなぎの言葉を入れ、お互いの論理関係を明らかにしています。

②は③の理由なので、「そのため」を補います。それと、原文では「問題点は①〜③である」というように、「問題点」が③にまでかかっています。三つの要素を独立させると「問題点」が①だけを指すようになるので、改善例では最後に「それも問題である」を補いました。

> **POINT**
>
> ### 詰め込みすぎないといっても
> ### 何でも単文にすればよいわけではない
>
> 文を分解するといっても、ただ短くすればよいわけではありません。日本語文には「単文」「重文」「複文」があり、それぞれを使いこなすことで複雑なことも表現できます。それをみんな、単文だけにしてしまったらどうでしょう。なんとも薄っぺらな文章になるはずです（詳しくは66ページ参照）。重文も複文も使いましょう。ただし、内容が複雑になりそうだったら、基本の単文に還元すればよいのです。

17 あいまいさをなくす
「れる」「られる」はなるべく使わない

原文
会議の中心テーマとされているのは南北国家間の利害調整であり、それが調整されれば、具体策の検討に入ると思われます。

⬇

改善例
会議が中心テーマとしているのは南北国家間の利害調整であり、それを調整できれば、具体策の検討に入るでしょう。

🎀 受け身形の文は主語をぼかす

　原文は「されている」「調整されれば」「思われます」と三つも受動態（受け身形）を用いています。いずれも主語が不在です。強いて主語を探せば、前の二つは「会議」であり、最後の「思われます」は筆者です。それらをぼかして客観性を装っています。

　改善例では、前二つで「会議」を主語にして「している」「調整できれば」としました。「思われます」は筆者の推量なので、素直に「でしょう」としました。こうして**各部の主語をはっきりさせることで、説得力が強まったはずです。**

　このように受け身形は、客観性を装うのに使われます。新聞や週刊誌でよく見られる「〜と考えられる」「〜と見られる」は、きまって主語が抜け落ちています。誰が考え、誰が見ているのでしょう。

　受け身形は主語を出したくないときに、その「弱点」をうまく隠してく

れます。その分、**無責任な文になりがちです**。受け身形は必要なとき以外、使わないようにすべきです。

🎀「れる」「られる」の多用は文をあいまいにする

　助動詞の「れる・られる」には、「尊敬」「受け身」「可能」「自発」の四つの意味があります。では、「事情を知る者の犯行と<u>見られる</u>」の「見られる」は、そのどれに当たるでしょう。明らかに尊敬ではありませんが、後の三つのどれなのかは迷います。「誰かがそう見ている」なら受け身、「見ることができる」なら可能、もろもろの材料から「自ずとそう見てとれる」なら自発──。「れる」「られる」を用いた文の意味は、こんなにもあいまいなのです。

POINT　受動態と能動態の混用にも注意

　時どき一つの文の中に、能動態と受動態が交ざっているのを、見ることがあります。

> **原文**　報告者は資料を丁寧に点検し、問題の核心が把握されている。
> **改善例**　報告者は資料を丁寧に点検し、問題の核心を把握している。

　前半の「点検し」が能動態なのに、後半の「把握されている」は受動態です。どちらも主語（主体）は「報告者」です。こんな場合は、どちらかに統一すべきです。例文では「報告者」が「丁寧に点検し」「問題の核心を把握している」ので、能動態に統一したほうがよいでしょう。

18 重ね言葉は文を稚拙にする

スッキリさせる　　　　　　　　　　　　　　よくある

原文

運動会は炎天下の下行われ、気分を悪くする人が続出した。安全運営はかねてからの懸案であり、万一、犠牲者でも出せば後で後悔することになる。

↓

改善例

運動会は炎天下で行われ、気分を悪くする人が続出した。安全運営は懸案事項であり、万一、犠牲者でも出せば後悔することになる。

重言(じゅうげん)は知識不足を露呈している

　同じ意味の語を重ねた「重ね言葉(重言)」の例です。原文の「炎天下の下」「かねてからの懸案」「後で後悔する」がそれに当たります。

　「炎天**下**の**下**」「**後**で**後**悔する」は同じ漢字が出てくるので気がつきやすいですが、「炎天下の**もと**」「**あと**で後悔する」と書くと気づきにくいかもしれません。「かねてからの懸案」となると、漢字で書いても「予てからの懸案」なので、わかりにくいでしょう。

　「懸案」は、「前から問題になっていながら、まだ解決されていない事柄」の意味です。「前から」の部分が例文にある「かねてから」と重なっています。

　このように、**言葉の意味を知らないと判断がつかない場合は、特に注意が必要です**。次の文もそのような例です。

原文 社長は次の後継者にすべてを一任すると述べ、辞意の意向を明らかにした。

改善例 社長は後継者に一任すると述べ、辞意を明らかにした。

重ね言葉は「次の後継者」「すべてを一任する」「辞意の意向」の三つです。似たような例に「**価格**を**値**下げする」「〜**だけ**に**限定**する」「**しばしば、何度も**」「**連日**、暑い**日**が**続く**」「**各**○○**ごと**に」などがあります。中には、「えーっ、それも重ね言葉なの？」というようなものもあります。次のページに主なものをまとめてあります。

POINT 重ね言葉には誤用が一般化したものもある

　重ね言葉をすべて使っていけないかというと、必ずしもそうとは言えません。「巨大」「むやみやたらに」のように同じ意味の言葉を重ねて強めている表現があります。

　ほかにも「えんどう豆（豌豆豆）」「フラダンス」(「フラ」はハワイ語、「ダンス」は英語でそれぞれ「踊り」の意）のように最初は誤用であっても今ではすっかり一般化しているもの、「歌を歌う」「違和感を感じる」など"グレーゾーン"のものもあります。

よくある重ね言葉と改善例

＊漢字にすると重なりが見える言葉

予め予定する ➡ 予定する
未だ未完成 ➡ 未完成
沿岸沿い ➡ 沿岸
犯罪を犯す ➡ 罪を犯す
専ら専念する ➡ 専念する

古の昔 ➡ 古・昔
色が変色する ➡ 変色する
加工を加える ➡ 加工する
被害を被る ➡ 害を被る

＊意味を考えると重なりがわかる言葉

- 頭を項だれる（項は**首の後ろ**の部分）➡ 項だれる
- 後ろから羽交い締めにする（羽交い締めは**背後から**するもの）
  ➡ 羽交い締めにする
- お体ご自愛ください（自愛は**自分の健康状態に気をつける**こと）
  ➡ ご自愛ください
- 思いがけないハプニング（ハプニングは**思いがけない出来事**）
  ➡ ハプニング
- 元旦の朝に（元旦＝１月１日の**朝**）➡ 元旦に
- 急に卒倒する（卒倒は**突然倒れる**こと）➡ 卒倒する
- 最後の追い込みに入る（追い込みは**最終段階**で頑張ること）
  ➡ 追い込みに入る
- 辞意の意向を表明する（辞意は辞めたいとの**気持ち**）
  ➡ 辞意を表明する

- 射程距離が長い（射程は弾丸が届く最大**距離**のこと）
  ➡**射程が長い**
- 酒肴（肴は**酒**の**さかな**・つまみのこと）➡「○○を肴に一杯やる」
- 従来から（従来は「以前**から**」の意味）➡**従来**
- すべて一任する（一任は**すべてを**任せること）➡**一任する**
- 製造メーカー（メーカー＝**製造**業者）➡**製造業者・メーカー**
- 雪辱を晴らす（雪ぐは恥や汚名を**消す**こと）
  ➡**雪辱する**
- そもそもの発端（そもそもとは発端のこと）➡**発端**
- 第5番目（「第」と「目」が重なる）➡**第5番・5番目**
- 次の後継者（後継者は**次を継ぐ人**）➡**後継者**
- 捺印を押す（捺は「**押す**」の意）➡**捺印する**
- 初冠雪をいただいた富士山（冠雪は**雪がかぶさっている**こと）
  ➡**初冠雪の富士山**
- はっきり断言する（断に「はっきり」の意が含まれる）
  ➡**断言する**
- まず第一に（まず〈先ず〉は「他より先に」の意）➡**まず・第一に**
- ○○より以上に（以上は「それ**より上**」の意）➡**○○以上に**
- みぞれ交じり（みぞれは**雨と雪が交じる現象**）➡**みぞれ**
- 約30分ほど（「約」と「ほど」が重なる）
  ➡**約30分・30分ほど**
- 余分な贅肉（贅は**余分なもの**のこと）➡**贅肉**
- わだちの跡（わだちは**車輪の跡**）➡**わだち**

19 スッキリさせる
似た意味の言葉を繰り返さない

原文
数十年前まではＳＦの世界のモノだったＴＶ電話も、今では実際に存在している。空想の世界のモノでしかなかった人間型ロボットも現在では現実になりつつある。

改善例
数十年前まではＳＦの世界のモノだったＴＶ電話も、今では実際に存在している。人間型ロボットも現実になりつつある。

🎀 重複表現をなくしてスッキリさせる

　原文では、「ＳＦの世界のモノ」と「空想の世界のモノ」、「今では」と「現在では」がそれぞれ同じ内容を表しています。こんな場合には、**後にある重複表現（空想の世界のモノ、現在では）を消せばスッキリします。**

　では、次の例にはどんな内容的重なりがあるのでしょう。

原文 まだ立春さえ迎えておらず、寒さが続く１月中旬の頃、一人で散歩をしていた時のことである。

　すぐ目につくのは、「中旬」と「頃」の重なりです。「中旬」も「頃」も時期を表すので、「頃」はカットできます。
　さらに気になるのが、「まだ立春さえ迎えておらず」と「１月中旬」の関係です。「１月中旬」が「立春前」であることは大方の人は知っています。筆者は「立春前」をつけることで、寒い時期であることを強調したかった

のでしょう。でも、「1月中旬」に「寒さが続く」と説明が加えられています。立春うんぬんは大胆に削れます。次のようになります。

> **改善例** 寒さが続く1月中旬、一人で散歩をしていた時のことである。

次の例は、一読しただけでくどい印象を受けます。下の文に直せます。

> **原　文** このシステムの利用価値を述べると、次のことが言える。とにかく安全性が高いということが言えるのである。

> **改善例** このシステムの利用価値は、安全性が高いことに尽きる。

「述べる」「言える」「言える」が同じ内容です。ほかにも**「〜を述べると〜が言える」とか「〜と尋ねると、〜という答えが返ってきた」という表現をよく見かけます。回りくどいですね。**

POINT 似た意味の言葉を連ねる背景に強調する心理がある

　似た意味の言葉を連ねる背景には、強調する心理がありそうです。次のように似た意味の単語を隣り合わせて並べるケースもあります。
- **食中毒予防に、手をきれいに清潔に洗いましょう。**
- **皆様の強力なご支援と温かいバックアップによって勝てました。**

「きれいに」と「清潔に」は要するに同じことです。「ご支援」と「バックアップ」も同じ意味です。

20 スッキリさせる
一つの述語でまとめる

原文
あの人はギターを弾くし、ピアノも弾くし、バイオリンも弾く。

↓

改善例
あの人はギターも、ピアノも、バイオリンも弾く。

🎀 共通項をまとめてスッキリさせる

　ギターもピアノもバイオリンも楽器であり、動詞はいずれも「弾く」です。このように**共通の動詞を用いる名詞（目的語）が並んだ場合、一つの動詞ですべてを受け止められます**。次の例も同じです。

原文 彼は英語を話すし、フランス語もしゃべるし、ドイツ語も会話ができる。

改善例 彼は英語もフランス語もドイツ語も話す。

　「話す」「しゃべる」「会話ができる」は同じ内容なので、どれか一つで間に合います。では、次の場合はどうでしょう。異なった分野の名詞（と動詞）が並ぶときです。

　●彼は英語が話せるし、ピアノも弾ける。

「話せる」と「弾ける」では、まったく中身が違います。これはちょっと高等なテクニックが必要かもしれませんが、述語をうまく選べば一つにできるのです。

- 彼は英語もピアノもたしなむ。
- 彼は英語もピアノもできる。
- 彼は英語とピアノに堪能(かんのう)だ。

原文の述語が「話せる」「弾ける」という可能動詞（可能の意味だけを表す動詞）になっています。彼にそういう能力が備わっていることを表す文なので、「たしなむ」「できる」「堪能だ」という能力を表す述語に置き換えたのです。さらに、彼の"できる"程度によって、この三つを使い分ければよいのです。

逆に、「できない」場合はどうでしょう。実にかんたんです。**名詞を並べて最後に「（みんな）できない」とまとめればよいのです。**「彼は英語もピアノもスポーツも、みんなできない」というふうに。

POINT 内容の共通面を表す述語でまとめる手もある

本文では「話せる」「弾ける」という可能動詞に注目し、"能力がある"という共通面でくくりました。それ以外にも、取り上げる複数の事柄の間に何らかの共通面があれば、その共通面をうまく表す述語でくくれます。たとえば「彼とは話が通じたし、心も理解し合えた」は「彼とは話も心も通じた」とまとめられます。共通面をつかみ出すことが、ポイントです。

21 「〜的」「〜化」「〜性」を乱用しない

> **原文**
> これからは国際的感覚をもって共存共栄化を図るべきだとの意見に、わたし的には総論的に賛成だが各論的に反対だ。
>
> **改善例**
> これからは国際感覚をもって共存共栄を図るべきだとの意見に、私は総論で賛成、各論で反対だ。

🎀 文をあいまいにする「〜的」「〜化」「〜性」

　「国際的感覚」は「国際感覚」で済むし、「共存共栄化」の「化」はその後に「図る」があるので取れます。「わたし的」は「個人的見解」とでも言うところを、控えめに柔らかくした感じがします。でも、これは会話だから許される表現で、文章には適しません。「総論的」「各論的」の「的」も不要です。

　「的」や「性」には「〜のような」「〜らしい」といった意味があり、言葉自体にあいまいさを含みます。とても便利な言葉なので多用されがちですが、これらがほんとうに必要なのかを点検してみるべきです。
　たとえば、「的」がないと収まりのつかない感じがする、次のような言葉があります。

- 概念的把握
- 双方向的コミュニケーション
- 庶民的視点

　たしかに「的」を取ると、「概念把握」「双方向コミュニケーション」「庶民視点」となって、ぶっきらぼうな感じがします。それなら、「概念の把握」「双方向によるコミュニケーション」「庶民としての視点」という具合に、「の」「による」「としての」を補ったらどうでしょう。「的」を使うより言わんとする意味が明確になります。

　「的」はそうした適切な表現を選ぶ手間を省く"手抜き言葉"なのです。同様に、「化」や「性」もその中身にふさわしい言葉に置き換えることで、意味が明確になるケースが多いのです。これらの言葉はどうしても必要なときにかぎって自制的に使うように心がけましょう。

POINT 「的」「化」「性」を入れた言葉が一般化しているケースもある

　「的」や「化」「性」を入れた熟語が決まり文句になっているケースがあります。「典型的事例」「地球温暖化問題」「幼児性」などです。これらから「的」などを取り除くと、面倒なことになります。「典型と言えるような事例」「地球の温度が上昇している問題」「幼児のような性向」と書き換えることはできるでしょうが、かえってわかりづらくなります。これらの表現が一般化しているためです。

22 難しい言葉と易しい言葉を交ぜない

言葉のレベルをそろえる / よくある

> **原文**
> ネット販売を起因とした健康被害の実例は、1件も把握されていない。なのに、ネット販売を規制するなんて、おかしいんじゃないか。

⬇

> **改善例**
> ネット販売による健康被害例は1件も出ていない。そうであるのに、ネット販売を規制するのは、筋が通っていないのではないか。

🎀 ちぐはぐな文は読み手を不快にする

　原文ではまず、「〜を起因とした」が硬い印象を与えるので、一般的レベルの「〜による」に改めます。この後もこれと同じレベルでそろえるようにしましょう。「把握されていない」も、「行政が把握していない」というニュアンスを含んでおり、硬さを生んでいます。要するに、事実として「出ていない」ととらえればよいでしょう。

　この文は、**前半が硬い印象なのに、後半はガクッとくだけた表現に変わり、アンバランスな印象を与えます**。「なのに」「なんて」「おかしいんじゃないか」は話し言葉かそれに近いものです。こちらも"標準的"な文章表現に直します。なかでも「おかしい」を「筋が通っていない」としたのは、「おかしい」では何がどうおかしいのかわからないので、"おかしさ"の中身をきちんと出したのです。

さあ書くぞ、よい文章を書くぞと緊張すると、表現や組み立てがガチガチになりがちです。悪いことに、そんな自分に気がついてリラックスするぞと言い聞かせようとすると、今度は言葉自体が出てこなくなります。

そんなときは、ガチガチでもよいからとにかく書き出してみることです。**文字に置き換えてから、言葉のレベルをチェックし、突出したものを個別に改良していきましょう。**

以下にもう一つ、例文を挙げておくので参考にしてください。

原　文 零細なる企業は重要な販路を喪失し、難局に立たされることだろう。

改善例 零細企業は大事な販路を失い、とても困るだろう。

POINT 「標準レベル」の物差しは実践の中で身につけよう

言葉のレベルをそろえるには、自身の中に「標準レベル」の物差しをもつ必要があります。物差しに照らして「平準化」するのです。これができていないでこぼこの文章は、心地悪いものです。

では、物差しをどうやって手に入れるかと言えば、実践を通じてつかむしかなさそうです。プロの文章はうまくレベルを統一しています。バランス感覚を研ぎ澄まし、注意深くレベルをそろえているのです。そんな文章をたくさん読み、そろえ方を学びましょう。くだけすぎの表現は口語が原因ということが多いので、この点に注意すると改善しやすくなります。

23 言葉のレベルをそろえる
話し言葉を混入させない

原文

私はイヌが嫌いだ。ちゃんとしつけていない飼い主が実に多い。なので、イヌの散歩道は避けるようにしている。結果、やっぱし余計な時間がかかって困る。

⬇

改善例

私はイヌが嫌いだ。きちんとしつけていない飼い主が実に多い。それで、イヌの散歩道は避けるようにしている。その結果、やはり余計な時間がかかって困る。

🎀 話し言葉は品格を失う

「ちゃんと」を「きちんと」、「なので」を「それで」、「結果」を「その結果」、「やっぱし」を「やはり」に書き改めたのが、改善例です。このように比べてみると、**問題語がいずれも話し言葉**だとわかるでしょう。

「ちゃんと」と「やっぱし」は、見た目から話し言葉と判断できるたぐいのものです。その半面、「なので」と「結果」は少し迷うことでしょう。通常「苦手なので」「調査した結果」というように、「なので」「結果」の前に語句を置きます。あるいは、前の文全体を受け止め、「それなので」「その結果」と、代名詞をくっつけた形にします。

そのほか、次のような例もあります。

- いろんな➡いろいろな、さまざまな
- 〜けど➡〜けれど

- ～じゃない ➡ ～ではない
- すごく ➡ とても、非常に
- ～してる ➡ ～している
- ～なんて ➡ ～などは、～とは
- ～みたい ➡ ～のよう

　話し言葉として用いられるうちに、意味が変質したものもあります。これらを不用意に使うと、文意がおかしくなります。以下がそれです。

- **濃い**（新しい意味：充実したさま。きわだっているさま）
- **ディープ**（新しい意味：深くはまり込んでいるさま）
- **大丈夫**（新しい意味：よろしい）

　料理を注文したら、ウエートレスから「以上で大丈夫ですか」と聞かれて戸惑ったことがあります。「大丈夫ですか」は本来、不具合でもありそうなときに確かめる表現です。

> POINT
>
> ### 「話すように書け」との指導を うのみにしない
>
> 　明治時代に二葉亭四迷が「言文一致体」を唱えてから、文章も話すのとそれほど変わらない表現で書くようになりました。「話すように書きなさい」と文章指導をする人もいるようです。
>
> 　しかし、「話すように」との説をうのみにしてはいけません。かつての「文語」と「口語」ほどの差はないにしても、今でも「書き言葉」と「話し言葉」にはさまざまな違いがあります。怪しいなと思ったらこまめに辞書に当たって、きちんとした書き言葉を使いましょう。

第1章　文の土台を固めよう

24 語句を対等な関係にそろえる

言葉のレベルをそろえる

> **原文**
> 健康維持には、十分な睡眠と、適度な運動をしたり、栄養をしっかりとることが大事だ。
>
> ⬇
>
> **改善例**
> ①健康維持には、十分な睡眠と栄養、適度な運動が大事だ。
> ②健康維持には、十分な睡眠と栄養をとること、適度な運動をすることが大事だ。

🎀 並列させた語句の品詞はそろえる

　語句を並べる場合、語句同士が互いに「対等な関係」でなくてはなりません。「対等」の中身はいろいろあり、第一は**品詞をそろえる**ことです。

　原文では並んでいる三つが、「睡眠」は名詞、「（運動を）したり」は（動詞＋助動詞で）助動詞、「栄養をしっかりとること」は「こと」で名詞化されており、三様です。**文末が「〜が大事だ」になっているので、事柄をすべて名詞化しないと受けられません**。「適度な運動をしたり」の部分を「適度な運動」あるいは「適度な運動をすること」とします。

　改善例①は、「睡眠」「栄養」「運動」とすべて単語にしました。②は「とること」「すること」でそろえました。さらに、睡眠の「十分な」と栄養の「しっかり」の意味が同じなので、「十分な」を「睡眠と栄養」の両方にかけています。

　次に考えるべき「対等」は、**表現の丁寧さ**です。次ページの原文の四角

で囲んだ語句はすべて動詞ですが、表現の丁寧さがそろっていません。特に「ご懇談した」が浮いています。

原文 私たちはよく食い、大いに飲み、親しくご懇談した。

改善例 私たちはよく食べ、大いに飲み、親しく話した。

改善例は、「食い」「飲み」「ご懇談し」をそれぞれ「食べ」「飲み」「話し」と標準レベルに統一しました。

最後に、内容に関わる例を挙げます。

原文 彼はせっかちで、英語がよくできる。

改善例 彼は努力家で、英語がよくできる。

「で」は対等なものを並べる助詞です。「せっかち」と「英語がよくできる」はどちらも彼の特性ですが、「せっかち」はマイナスイメージの性格なのに「英語がよくできる」はプラスイメージの技能です。ペアを組むのに適していません。

> **POINT**
> ### 対等な関係にすべきレベルは
> ### 品詞、表現、内容以外にもある
>
> 対等な関係にすべきレベルは、上記の三つにとどまりません。
> ● この動物園には、ライオンからトラ、ゾウ、サル、鳥類、爬虫類までいる。
>
> 　上の文は「ライオン」「トラ」「ゾウ」「サル」といった具体的な動物名と、「鳥類」「爬虫類」といった類名が交ざっており、よくありません。

第1章　文の土台を固めよう

25 言葉のレベルをそろえる
「と」「に」「や」は最初の語句の後に置く

原文

昨夜の会合には、山本、佐藤、田中と石井が参加した。

↓

改善例

昨夜の会合には、山本と佐藤、田中、石井が参加した。

🎀 対等な語句を並べるのにもルールがある

　三つ以上の語句を並べるときに、「と」「に」「や」「とか」「も」「やら」などを使います。**これらは最初の語句の後につける**のが原則です。

🌙「や」の場合

　挙げた以外の人もいるときは、最後に「ら」「たち」「など」を入れたほうが収まりがつきます。
- 昨夜の会合には、山本や佐藤、田中、石井らが参加した。

🌙「とか」の場合

　例示した以外もある場合は「など」「という」を入れるとよいでしょう。
- ウサギとか、ネズミ、イヌ、ウシ、ウマなど、干支（えと）に出てくる動物ばかりだった。

「も」の場合

「も」は「あれもこれも〜だ」という意味で、どれか一つにかぎらないことを表します。

> **原　文** 彼はピアノ|も|作曲|も|歌|も|踊り|も|演技|も|できる。
>
> **改善例** 彼はピアノ|も|、作曲、歌、踊り、演技|も|できる。

原文では、全部の単語に「も」をつけています。話し言葉ならこんな言い方もありますが、文章だとくどくなります。改善例は、最初の単語（ピアノ）と最後の単語（演技）の両方に「も」をつけました。同じ「も」で受けて「も〜も」とはさみ込んでいます。

「やら」の場合

● 泣くやら、わめくやら、ぐずるやらで大変だった。

「泣く」「わめく」「ぐずる」という動作すべてに「やら」をつけ、最後の「やら」の後に「で」をつけて、すべてを受け止めます。「で」の代わりに「〜やら、大変だった」と読点で区切る方法もあります。

> **まとめ**
>
> 〈○と○、○、○〉　　〈○に○、○、○〉
> 〈○や○、○、○ら〉　〈○とか○、○、○など〉
> 〈○も、○、○、○も〉〈○やら、○やら、○やらで〉

26 短ければ良い文とはかぎらない
構文を意識する

🎀 単文・重文・複文を理解する

　文には「単文」「重文」「複文」があります。これらは文を作る一番大事な要素の「主語」と「述語」のあり方で文の種類を分けたものです。**単文は主語と述語が一つずつだけの文です。重文は、主語と述語を備えた部分が二つ以上あります。複文はその構成部分に主語と述語からなる節（従属節）や句を含んだ文です。**

　この基本を知っておくと、だらだらと長い文や、内容が複雑に入り組んだ文をすっきりと改良しやすくなります。

- 単文　　　主語＋述語　　　例：花が咲く。

- 重文　　　［主語＋述語］、［主語＋述語］　　例：鳥が鳴き、蝶が舞う。

- 複文　　　従属節・修飾句（主語＋述語）、主節

　　　　　　例：春になると、花が咲く。
　　　　　　　　（私が）忘れていた思い出が、蘇った。

短文より複文のほうがわかりやすいこともある

　文章指導書には、「文を短く書きなさい」という文句が決まったように出てきます。「すべて単文で書きなさい」と指示しているようなものです。でも、単文だけでなく、**重文も複文もうまく使いこなし、さまざまな修飾句も織り交ぜる**ことで、私たちは多様で豊かな表現を手にできます。

　前ページの例文を全部合体させ、わざと長い複文を作ってみました。この文を、単文に分解してみましょう（下の文）。

- ●春になって花が咲き、鳥が鳴き、蝶が舞ったら、忘れていた思い出が蘇った。
- ➡春になった。（そして）花が咲いた。鳥が鳴いた。蝶が舞った。（そうしたら）私は思い出を忘れていた。それが蘇った。

　二つの文例を読み比べたら、単文のほうがわかりやすいとは言えません。味も素っ気もない、ぶつ切れの文が並んでいるだけ。そんな印象を受けるはずです。

　原文の意味に近づけるには、かっこ内の語の補足が必要ですが、「そうしたら」がうまく「蘇った」にかかってくれません。「そうしたら、忘れていた昔の思い出が蘇った」と複文にせざるを得ません。

　このように、**関連する内容を複文でまとめたほうがわかりやすいこともあります**。単文を重文、複文へ。逆に、重文、複文から単文へ。こんな変換が必要に応じて自在にできるようにしましょう。

誰に読ませるのかを意識する

　文章は書く目的により読者が違います。ビジネス文書といっても、社内向けか、取引先向けか、消費者向けかで、内容やスタイルが変わります。ふつうの手紙でも、私たちは相手によって書き分けています。

　読者層が特定できる場合、まず読者像をイメージし、その人たちにふさわしい内容や表現を心がけましょう。専門家向けなら専門用語を多用しても問題ありません。最も神経をつかうのは子ども向けです。わかる言葉や内容が年齢によってかなり異なるからです。

　一方、不特定多数向けでも、読者層を意識することは大事です。ずいぶん昔、新聞では"中卒後社会経験数年の人が読んでわかる記事に"という不文律がありました。高学歴化し社会が複雑化した今なら、"高卒後"とし、社会経験年数も割り増しするべきでしょう。

　週刊誌や雑誌になると、もっと読者層を絞り込んでいます。若者向け、女性向け、中高年向け、マニア向けなどそれぞれに、ネタ、切り口、文章スタイル、レイアウトなどに、読ませる工夫をたくさん凝らしています。

　一般人が文章を書く際も、**誰に読ませるかを意識する**ことはとても大事です。その際にメディアの工夫はとてもよい参考になるはずです。

第2章

内容を豊かにしよう

文に変化をつける／ステレオタイプ表現に注意する
表現を引き締める／文をやわらかくする
文に動きを出す／文にひと味加える
品を良くする／インパクトを強める
読み手を説得する

ステップ2

27 文に変化をつける
「〜です」よりも「〜だ」「〜である」で伝える

原文

朝は6時に起き**ます**。軽くジョギングし**まして**から、朝食を摂り**ます**。それから急いで駅へ向かい**ます**。

⬇

改善例

朝は6時に起き**る**。軽くジョギング**して**から、朝食を摂**る**。それから急いで駅へ向か**う**。

☀ 敬体（です・ます）の文は単調になりやすい

　日本語の文体には敬体（です・ます）と常体（だ・である）があります。**手紙など、相手に話しかける文章には敬体を用い、実用文は常体を多く用いています**。私はこの本を敬体で書いています。やわらかな親しみを出すねらいからです。文章の用途に応じて、二つの文体を適切に使い分ければよいのです。

　でも、"文に変化をつける"という観点からは、常体のほうがずっと有利です。原文の述語末を拾うと、「ます」「まして」「ます」「ます」とすべて「ます」を使っています。一方、改善例は「る」が二つ、それに「して」「う」です。4箇所のうち3箇所が異なります。**圧倒的に常体のほうが変化に富み、敬体は単調です。**

　現在表現は、敬体文だと大半が「ます」か「です」で終わります。ところが常体は、動詞や形容詞、形容動詞の終止形（言い切りの形）のままで終えられます。「起き**る**」「向か**う**」「着**く**」のように、動詞は終止形に変

化があります。

　常体の長所はまだあります。文を短くできるのです。敬体は「です」「ます」をつける分、字数が多くなります。読んだ印象も**常体のほうが引き締まっています**。他方、敬体は単調で冗漫な感じになってしまいがちです。

　私は、実用文には常体をお勧めします。尊大な印象を与えるのではと心配し、大学や企業へ出す志望理由書を敬体で書く人がいますが、むしろ常体のほうがピリッとして聡明(そうめい)そうな印象を与えるはずです。

POINT 敬体と常体を混用しない

　二つの文体の混用も、原則としていけないことです。ですから、実用文は〈常体で統一する〉と思ってください。「だ・である」が続いている中に、急に「です・ます」が入り込むと、間の抜けた感じになったり、妙な違和感を生みます。逆に、丁寧な手紙文の中にいきなり常体が交ざると、それこそ尊大な感じがします。プロの文章では両者をさりげなく交ぜて変化をつけていることもありますが、一般の人はまねをしないほうがよいでしょう。

> **原文**　豊かさとは何で しょう 。私はその本質を考え続けてきた。それは物質的指標で測られがち ですが 、そうではないはず です 。では何か。私は次のように考えた。
>
> **改善例**　豊かさとは何か。私はその本質を考え続けてきた。それは物質的指標で測られがちだが、そうではなかろう。では何か。私は次のように考えた。

28 過去の話に現在形を入れる

文に変化をつける

> **原文**
>
> 5年ぶりに帰郷したら、何もかもが変わっていた。川は護岸に囲まれ、山は切り崩され、見る影もなかった。だが、変わらないものもあった。それは人情だった。

⬇

> **改善例**
>
> 5年ぶりに帰郷したら、何もかもが変わっていた。川は護岸に囲まれ、山は切り崩され、見る影もない。だが、変わらないものもあった。それは人情だ。

☀ 過去をすべて過去形で表す必要はない

　前項では、実用文は常体で統一すべきで、現在表現ではそのほうが変化をつけやすいと説きました。ところが、過去の表現となると一転、実に単調になってしまいます。原文の文末は、「（変わってい）た」「（なかっ）た」「（あっ）た」「（だっ）た」です。つまり、過去形は皆、「た」がついた形になります。

　この単調さに変化をつけるため、改善例は現在形を交ぜました。過去形は「何もかもが変わっていた」と「変わらないものもあった」という対比を表す2文にとどめ、ほかは現在形にしました。過去の話には過去形しか使えない、と思い込む必要はないのです。

　過去の話の中に現在形を交ぜると、**読み手は現在形で表された内容を、あたかも眼前のことのように感じ取れ、迫力が出てきます**。形の上で変化をつけることで、心地よいリズムも生みます。

☀ 未来のことも現在形で表せる

　そんな芸当ができるのも、日本語独特の時間感覚ゆえです。日本語の話し手（書き手）は現在から過去、そして未来までを自由に行き来できます。

　下の図にある話し手の目に注目してください。話し手が現在の位置から過去を左斜めに見れば表現は過去形になります。ところが、話し手の目自体を左の過去位置に移動させ、そこから過去のことを見れば、表現は現在形になります。

　未来も同様です。目を右へ移動させて未来に自分を置けば、未来のことも現在形で表せます。

　●来週、私は北海道に行く。その夜の食卓には新鮮な魚介類が並んでいる。

という具合です。つまり、**話し手の意識がどの位置にあるかで、表現の時制が変わるのです**。こんな優れた特性を活用しない手はありません。

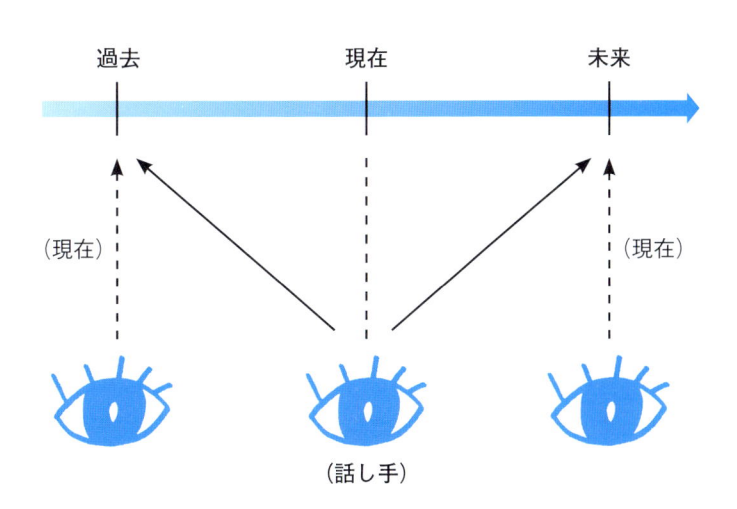

29 同じ言葉を繰り返さない

文に変化をつける / よくある

> **原文**
> 水の硬度は味にも関わってくる。一般に硬度が高いほど体にはよいとされているが、硬度が高いと飲みにくいのが難点だ。
>
> ↓
>
> **改善例**
> 水の硬度は味にも関わってくる。一般に数値が高いほど体にはよいとされているが、飲みにくいのが難点だ。

同じ言葉が何度も出てくるとくどい

　原文は「硬度」が3回も出てきます。専門用語やキーワードには、ほかの言葉で言い換えにくいもの、言い換えるべきでないものがあります。この「硬度」もその類であり、一度は使わざるを得ません。**それが何度も出てくると、うるさくなります。**

　改善例は最初に「硬度」を出したら、次の硬度を「数値」に言い換え、3番目の硬度は省略しています。2番目と3番目の硬度は同じ文にあり、「数値が高い」ほど「**体にはよい**が**飲みにくい**」という、相反する性質を表しています。「数値が高いほど」で一つにくくれるのです。

次のように「こと」を多く使った文もよく見かけます。

原文 亀が首と手足を甲羅から「卍（まんじ）」状に伸ばして眠る「亀卍（かめまんじ）」は、自然界ではあまり見る ことはできない。卍に眠るという ことは、亀がすべてをさらして無防備な状態になる ことだからだ。

改善例 亀が首と手足を甲羅から「卍」状に伸ばして眠る「亀卍」は、自然界ではあまり見られない。卍に眠ると、すべてをさらして無防備な状態になるからだ。

　何かを説明するときに「こと」はとても便利で、極論すれば何でも「こと」で片付けられます。最初の「こと」は「見ることはできない」と不可能を表しているので、動詞の「見る」を「見られない」にしました。

　２番目と３番目の「こと」は１文中で「〜ことは、〜になること」の関係です。「になる」に注目して「〜すると、〜になる」と置き換えました。

POINT 言葉は違っても中身が同じケースもある

以下は、言葉は違うけれど内容が同じケースです。

原文 人には 嗜好（しこう） がある。好き嫌い の中には生来のものもあるので、人の 好み を一概に責められない。

改善例 人には嗜好がある。中には生来のものもあるので、一概に責められない。

　「嗜好」を「好き嫌い」「好み」に言い換えていますが、余計な手間です。言い換え分をそっくり削れます。

30 決まり文句を避ける

ステレオタイプ表現に注意する　よくある

原文
その知らせに、ある者はがっくり肩を落とし、ある者は唇を噛んだ。

↓

改善例
その知らせに、ある者はひどく落胆し、ある者は悔しさに耐えようとした。

☀ 決まり文句は事実と合わない

　原文の「がっくり肩を落とす」「唇を噛む」は、決まり文句とか紋切り表現、常套句と呼ばれます。誰か、センスのよい先人が編み出したころには、とても新鮮だったことでしょう。なるほど気が利いていると重宝され、広く使われるようになりました。**やがて手垢がつき出し、使うとその人の文章感覚さえ疑われるようになりました。**

　改善例では、決まり文句で表現したかった中身を取り出し、「ひどく落胆し」「悔しさに耐えようとした」と直しました。実用文で目指すべきは、**伝えたいことの中身をできるだけ忠実に表現すること**です。

　決まり文句は、多くの人がもつ"共通イメージ"に頼って表現します。でも、落胆した人が本当に肩を「がっくり」と落としているでしょうか。眼前の人がうなだれていても、「肩をがっくり」と表現しますか。共通イメージに頼ることは、現実とのズレを生むおそれがあり、自分独自の感性を活

かせなくもします。**その場で体験したこと、目撃したことをきめ細かく観察し、それに最もふさわしい表現を使う**のが、文章作法の基本です。

　慣用表現のすべてを追放せよというのではありません。手垢のつき具合を吟味してほしいのです。その作業を通じて、自身の表現感覚も磨けるはずです。

主な決まり文句

- カモシカのような脚
- 一面の銀世界
- 黒山のひとだかり
- 朝食をぺろりと平らげる
- こだわりの逸品
- 気になるお値段は〜
- 〜の鉄人／〜の達人
- 〜をご存じだろうか（文の始まり）
- 〜する今日このごろである（文の締め）

POINT　紋切りではない慣用表現もあるが　それよりも具体的表現がベター

　どれが手垢のついた紋切り表現なのか判断するのは、かんたんではありません。たとえば、「目」に関わる慣用表現は、「目の上のたんこぶ」「目の敵(かたき)にする」「目の黒いうち」「目と鼻の先」「目が利く」「目が肥える」などたくさんあります。むしろうまく使えば、気が利いているし、読み手にもわかりやすいイメージを与えてくれます。

　ただし、実用文としては、「目と鼻の先」よりも「歩いて3分」、「（美術の）目が肥える」よりも「（美術の）鑑賞眼が磨かれる」のほうが、いずれも具体的な必要情報を盛り込んでいます。

31 比喩表現を避ける

ステレオタイプ表現に注意する

原文
彼女は"○○小町"と称され、柳のような眉にバラの微笑をたたえ、男たちに人気があった。

改善例
彼女は地元で評判の美人で、形のよい細く長い眉に華やかな微笑をたたえ、男たちに人気があった。

比喩表現は実用文に適さない

　原文には「○○小町」「柳のような眉」「バラの微笑」という三つの比喩表現が用いられています。どれも美人を形容するにふさわしい、雰囲気のある表現に思えます。こんな言葉が使えるのも、物知りで表現力があるからです。でも**実用文では、比喩はとても注意すべき表現なのです。**

　「小町」が小野小町（平安時代の歌人）に由来し、地域で評判の美人を形容することを誰もが知っているでしょうか。柳の葉を見たことがない人、**言い回し自体を知らない人だったら、「柳のような眉」もピンときません**。「バラの微笑」も同様です。

　文学表現なら、適切に用いられるかぎり、こうした比喩表現も問題ありません。むしろ、読者の想像を刺激する比喩表現は、強いイメージ喚起力があり、欠かせない表現手段と言えます。

　ところが、実用文ではここに落とし穴があり、長所転じて短所になります。

比喩はいずれも、他のもののイメージ喚起力を借りて、対象事物を言い表そうとします。「リンゴのようなほお」と言えば、私たち日本人は赤い健康的なほおを思い浮かべます。でも、西欧人は違うようです。青リンゴを思い浮かべ、「病気か？」と心配するそうです。私たちは「南」で「常夏」の気候をイメージしますが、南半球の人たちに通じるでしょうか。**比喩表現が成り立つのは、同じ文化や風土をもつ人たちの間だけなのです。**

　実用文で物事を描写する際に心がけるべきは、描く対象に正面から向き合い、しっかり観察することです。その観察でつかんだ様子に最もふさわしい具体的表現を探しましょう。

　きめ細かい観察ができる人ほど、よく知られた比喩表現では物足りなく感じるはずです。

POINT 「～のような」という表現は使い方次第で表現を豊かにする

　「～のような○」という言い方は、手垢のついた比喩表現としてでなく、基本語いの不足を補う方法としても用いられています。たとえば、日本語ではアイスクリームも日本酒も「甘い」と表現します。でも、その味覚はまったく違います。味覚を表す基本語いが「甘い」「辛い」「苦い」「酸っぱい」「しょっぱい」などかぎられたものしかないため、それ以上の微妙なニュアンスを表現するときに「メロンのようなとろける甘さ」などと補って表現するのです。

　こんな使い方であれば、書き手独自の感性を活かした、きめ細かな描写につながります。

表現を引き締める

32 文を飾りすぎない

原文

いわゆるメタボブームに端を発して再燃したダイエット文化がこれまでと異なるのは、「健康」を大前提とする概念であることだ。

⬇

改善例

メタボ騒ぎをきっかけに再燃したダイエット熱がこれまでと異なるのは、健康を意識した取り組みを大前提としていることだ。

☀ 飾りすぎは読み手を混乱させる

　「飾る」と言っても、華麗な形容詞をふんだんに使うわけではありません。あれこれ飾って格好をつけたいのだが、手もちの語いは少ない。では、どうするか。格好がつきそうな言葉を投入して、体裁を取り繕おうとするのです。

　原文の「いわゆる」「ブーム」「端を発して」「文化が」「大前提とする概念」がそれです。もともと余分なものを入れたのですから、いずれも不要です。改善例では、飾り言葉をばっさり削りました。

　ふつう、飾り言葉は形容詞や副詞ですが、上の例では名詞もあれば、もって回った句もあります。とにかく〝飾り言葉〟の力を借りて格好をつけたかったのでしょう。**そんな〝こけおどし〟的な虚飾をまとえばまとうほど、文の中身は現実から離れていきます**。肩の力を抜き、内容の身の丈に合った表現を心がけましょう。

次の例文はお店の紹介ですが、余分なものを多くまとっています。

原文 色彩豊かで|元気ハツラツ|。|遊び心|で|夢いっぱい|。高品質で"|お取り扱い|"|楽々|。そんな|こだわりの|ベビー服＆子ども服が、|小ぶり|の店内に|ぎゅぎゅ～うっと|詰まっている。

改善例 豊かな色彩に、遊び心が感じられる夢あるデザイン。しかも高品質で使い勝手がよい。そんなベビー服と子ども服が、小さなお店にあふれている。

楽しい雰囲気を出そうとしたのかもしれませんが、手垢(てあか)のついた言葉(元気ハツラツ、遊び心、夢いっぱい、こだわりの)や不適切な表現("お取り扱い"楽々、小ぶり)、擬態語（ぎゅぎゅ～うっと）がこれでもかと盛り込まれています。また、同じ文にある二つの言葉（たとえば「色彩豊か」と「元気ハツラツ」）の関係がよくわからず、言葉が空回りしている印象を受けます。

POINT
飾りの多い冗長な文は構造を変えればスッキリする

冒頭の改善例は、原文の文構造をそのまま用いました。「ぜい肉」が取れた分、だいぶスリムになったのですが、文の構造を変えればもっとスリムにできます。内容も引き締まり、わかりやすい文になります。

● メタボ騒ぎから再燃した昨今のダイエット熱は、健康を意識した取り組みを大前提としている点が従来のそれと大きく異なる。

部分的手直しでうまくいかない場合、こんな手もあります。構造を変えることは、発想を変えることです。だから大幅な改善が望めるのです。

第2章 内容を豊かにしよう

表現を引き締める　　よくある

33 無駄を徹底的に削る

原　文

ペットを飼えるマンションには、どのような設備が備えられているのか。市内のマンションでは、共用設備として、散歩から帰ってきた時のための足洗い場や汚物ダストが設置されているほか、室内にはペットの感電防止のためにコンセントが高めの位置に設置されているというような配慮がされている。（137字）

⬇

改善例

市内のペット可マンションには、共用設備として散歩からの帰宅時の足洗い場や汚物ダストがあり、室内コンセントがペットの感電防止に高めの位置につけられてある。（75字）

☀ 思いきって文を削り、伝えたいことを明確に

　初心者がていねいに書くと、1文1文が長くなりがちです。説明がくどくなり、同じ言葉を繰り返すためです。かえって読みにくくもします。同じ内容を少ない字数で表せるなら、そうすべきです。**大胆に削るほど伝えたい内容がはっきりします**。改善例では以下のように変えました。

- ペットを飼える➡ペット可
- どのような設備が備えられているのか➡削除
- 帰ってきた時のための➡帰宅時の
- 設置されているほか➡あり

- のために➡に
- 設置されているというような配慮がされている➡つけられてある

次の例文は、専門研究者によく見られるパターンです。

> **原文** 実態調査を通じて地域住民の現状を把握し、科学的根拠にもとづいて健康改善へのアプローチを検討して地域住民の健康レベルの向上を図るため、私はその研究に携わった。（78字）
>
> **改善例** 実態調査で地域住民の現状を把握し、科学的根拠にもとづく健康改善を図るため、私はその研究に携わった。（49字）

四角で囲った部分がそっくり削れます。枝葉の正確さにこだわるあまり、核心がぼけてしまっています。**要するに何が言いたいのか。それをわしづかみにしましょう。**

上の例文のような無駄の削除を目の前で実演して見せると、書いた当人も納得するのですが、いざ一人でこの作業をやるとなると難しいようです。
「どうしたら無駄を削れますか」とよく聞かれます。**字数制限のある文章を書くときは、無駄の追放が特に重要になります**。ポイントを以下に整理しました。

①言葉・表現・内容の重複に気をつける➡一つにまとめる
②回りくどい表現をやめる➡短い表現に書き換える
③誘導の疑問文、断り文などで話を展開しない➡ずばり核心に入る
④余計なつなぎの言葉なども徹底して省く➡内容の自然な展開を考える
⑤書きたいことがたくさんある
　➡優先順位をつけ、下位のものから削除する

文をやわらかくする
34 漢語より和語のほうが優しい

> **原文**
> 遊休地の有効活用が、喫緊の課題として浮上した。
>
> ⬇
>
> **改善例**
> 遊んでいる土地をどううまく活かすかが、差し迫った課題として浮かび上がった。

☀ 読み手が受ける印象をやわらげる

　漢字の熟語は大半が中国からの"外来語"です。音読みなので、目から入っても耳から入っても、硬い感じがします。**そんな漢語を、日本人になじみ深い和語（やまとことば）に置き換えると、印象がずっとやわらぎます。**

　改善例では、可能なかぎり漢語を和語にしました。「土地」「課題」以外は和語に変えています。「有効活用」は名詞ですが、和語では「どううまく活かすか」という句にしました。

　字数を少なくするには漢語のほうが有利ですが、**見た目と読んだ印象では、和語のほうがやわらかくなります。**

　熟語、特に四字熟語の多くは故事に由来しますが、それらとは別のよく使われるグループは「漢字2字＋する」の「する動詞」です。「歩行する」「就寝する」などで、漢字2字の名詞に「する」をつければよいので、いくらでも作れます。次ページは主な「する動詞」と和語の対比です。

- 歩行する➡歩く、歩む
- 就寝する➡寝る、眠る、床に入る
- 後悔する➡後で悔やむ
- 遅延する➡遅れる
- 削減する➡削る、減らす

もとの二字熟語は同義語を重ねたものが多いので、**和語にする場合、片方の漢字を使った和語を思い出せばよいのです。**

　副詞や名詞などでも「暫時（ざんじ）」「漸次（ぜんじ）」「往時（おうじ）」といった硬い漢語があります。これも「しばらく」「少しずつ」「かつて」などと言い換えられます。意味から和語を連想しましょう。

　漢文の素養は、江戸期以前はもちろん明治の近代化以後も、インテリたちの基本教養でした。ですから、漢語を使うとちょっと硬い、構えた印象を与えます。役所の文書や、ビジネスでも権威づけをしたい文書には、あえて漢語を多く使うようです。それはそれとして、一般の実用文では和語をうまく活（い）かすことをお勧めします。

POINT
心になじむやわらかさゆえ　和語の見直しが進む

　最近、忘れられたり一部の地域でしか使われなかった和語を、復活させる動きがあります。その代表格は「はんなり」でしょう。「上品で、明るくはなやかなさま」を表すこの言葉は関西地方のものでしたが、今や全国区です。「まったり」という言葉もよく耳にします。これも近畿地方から全国区となり、「ゆったり、のんびりしているさま」などを表します。

35 文をやわらかくする
"ひらがな"のほうがやわらかく響く

原文
生憎 御注文の品は只今切らしております。然しながら、其れに近い品が御座いますので、資料をお送りします。

⬇

改善例
あいにく ご注文の品はただいま切らしております。しかしながら、それに近い品がございますので、資料をお送りします。

ひらがなにしたほうがずっと読みやすい言葉もある

　漢字をひらがなにすることを「開く」と言います。最近はやわらかく親しみやすい文章が好まれるので、**雑誌の記事やノンフィクション作品などもひらがなを多用する傾向にあります**。どの漢字を開くかは、筆者や出版社ごとにまちまちで、統一基準はありません。要するに感覚次第です。

　原文を見てください。「生憎」「然し」「其れ」はさすがに古めかしく、一般の実用文ではほとんど使われません。「御注文」「御座います」の尊敬の「御」は漢字も使われますが、「ご」のほうが平易な感じがします。「只今」は「ただいま」か「ただ今」にしたほうが、すっきりします。

　品詞ごとに古めかしい表記を並べてみます。これらのグループは**かな書きにしましょう**。

●副　詞…生憎（あいにく）、如何（いかが）、敢えて（あえて）、
　　　　　飽く迄（あくまで）

- ●接続詞…然し（しかし）、或いは（あるいは）、即ち（すなわち）、又（また）
- ●代名詞…其れ（それ）、是れ（これ）、何方（どなた）、誰（だれ）
- ●助　詞…位（くらい・ぐらい）、程（ほど）、乍ら（ながら）、等（など）、迄（まで）

ただし、上のグループとは別の言葉をかなにしている例もあります。

- ●その気持があまりにもつよかったので、突然、留置場からだされ、「釈放する」といわれて、……以下略　（鎌田慧著『狭山事件の真実』岩波現代文庫）

網を掛けた「つよかった」「だされ」「いわれ」に注目しましょう。私なら、「強かった」「出され」「言われ」と書きます。「気持」「留置場」「釈放」は、ひらがなだと読み取りが困難になる言葉です。これらを漢字で残した半面、よく使われる基本語いをあえてかなにしたようです。私たちになじみのある基本語いなら、漢字にしなくても意味が通じると判断したのでしょう。

POINT

漢字にすべき字は こまめに調べて漢字に

　ワープロの普及で、最近の日本人は総じて漢字が書けません。他方、便利な電子辞書もあるし携帯電話でも調べられるので、まめに引けば用が足ります。ところが、手間を惜しむ人が多く、漢字で書くべき所をひらがなでごまかす例が、後を絶ちません。先ほどの文例で「りゅうちじょう」「しゃくほう」と書いてあったら、読み手はとても理解に手間取ります。何でもひらがなにすればよいわけでもありません。

文をやわらかくする　　　　　　　　　　　　　よくある

36 「まず」「そして」を極力削る

原文

私がこの仕事に向いていると思う理由は、以下である。まず、人と接するのが好きなこと。そして、人の役に立つことに喜びを見出せること。さらに、相手の立場を想像できること。

↓

改善例

私がこの仕事に向いていると思う理由は、以下である。人と接するのが好きであり、人の役に立つことに喜びを見出せ、相手の立場も想像できる。以上である。

つなぎ言葉はほとんど不要

　この例文は実際の「志望理由書」です。「まず」「そして」「さらに」と実に律儀に、理由を一つ挙げるたびに「つなぎ言葉」を入れています。箇条書きで①②……とやるのでは素っ気ないと思って工夫したのかもしれませんが、これでは箇条書きと大差ありません。

　改善例ではつなぎ言葉をすべて消しました。各理由を「こと」で並べてあるのも、硬さを生んでいます。「好きであり」「見出せ」として変化をつけました。ただし、そのままでは尻切れトンボなので、「以上である」とくくって、理由をサンドイッチのようにはさみました。

接続語を使わずに、文をまろやかに

　日本語文章の一般作法として、**接続詞を使わないほうが、文章はやわら**

かくなるといいます。「だから」は順接、「しかし」は逆接、「そして」は累加、「すなわち」は同格、「ところで」は転換、「あるいは」は対比という具合に、接続詞は役割ごとにグループ分けできます。

　私なりに記号化すれば、順接は「→」、逆接は「←」、累加は「+」であり、接続詞を見れば話の流れがかんたんにわかります。つまり、文章の論理性を高めるのです。その分、理屈っぽく、ごつごつした感じになり、やわらかさが損なわれます。**使わなければまろやかになるわけです。**

　接続詞やつなぎ言葉がよく使われるのは、文中よりも段落（パラグラフ）の冒頭のほうが多いです。「しかし」「また」などのほか、「次に○○について考えてみる」などのつなぎ文も見かけます。こうしたつなぎを使わずに段落展開をするのが理想です。

POINT　つなぎ言葉も論理重視の文章には向く

　文章講座で「接続詞はなるべく使わないようにしよう」と勧めている私が、予備校の小論文授業では「うまく使おうよ」と説いています。けっして気まぐれではありません。

　小論文は何より論理的考察が求められます。接続詞を活用すれば、論理がきわだつのです。「○○は△△である」ことを論証する場合、段落の頭で「たとえば」とやれば具体例の紹介、「つまり」ならその意味づけ、「しかし」なら反論への言及、「以上により」なら結論だと一目でわかります。

　硬くてもいい論理重視の文章には、接続詞はお勧めなのです。

37 談話を入れて文をリアルに

文をやわらかくする

原文

保健所で衝撃的な事実を知らされた。飼い主本人が愛犬を連れてくるケースが増えているというのだ。何年も一緒に暮らした犬を、なぜ自ら処分しようとするのか。

改善例

「飼い主本人が愛犬を連れてくるケースが増えています」――。こんな衝撃的な事実を語るのは、保健所の担当者Aさん。何年も一緒に暮らした犬を、なぜ自ら処分しようとするのか。

談話を活かして親しみわく文に

　同じ内容を語るにも、**具体的な人物を登場させ、その人ならではの談話を紹介すれば、親近感や迫力が出ます**。文例二つの内容は同じですが、原文は保健所で知らされた衝撃的な事実を、地の文で淡々と説明しています。改善例は、その事実を保健所の担当者の談話として冒頭に出しています。

　「飼い主本人が愛犬を連れてくる」というのが衝撃的事実の中身です。**それを冒頭にもってくるだけでも迫力が増します。しかも、担当者の生の声で語らせています**。原文が平板な感じで迫力不足なのに、改善例はこの2点の工夫があるので、読み手を出だしからぐいっと引きつけ、驚くべきことだと実感させやすくなります。

　この手法は、新聞や週刊誌の記事でよく使われます。新聞だと、大きな事件や事故のサイド記事で見かけます。たとえばヘリコプター墜落事故を

伝えるサイド記事は、こんな出だしでした。

● 「まさか」「信じたくない」——。ヘリが出動した○○航空センターの同僚の隊員や社員らは、突然の事故に言葉を失った。

内容の核心にふれる象徴的な言葉を、そのまま投げ出すのです。
　衝撃的なことだけでなく、楽しい話題を語るときにも、この手法は大いに活かせます。社内報やＰＴＡの広報記事などでイベントの様子を伝えるなら、参加者が楽しさや感想を語る談話から入るとよいでしょう。
　談話には、「目で読む文章」を「耳で聞く文章」に変える力があるので、**話の内容がよりリアルになるし、親しみもわいてきます。**

> **POINT**
> ### データは地の文に回し
> ### 談話は象徴的なエッセンスに絞り込む

　談話引用のコツは、その人らしいエッセンスに絞り込むことです。次の文は、下例のように直します。後半の囲んでいる部分以外はデータなので、地の文に回すのです。

原文 ××獣医は「犬の花粉症検査には血液検査かアレルギー物質を皮膚内に注射する皮内反応テストがあるが、２万円前後と高価で犬にも負担がかかるので、あくまでも飼い主さんとの話し合いになる」と語る。

改善例 犬の花粉症検査には血液検査とアレルギー物質を皮膚内に注射する皮内反応テストがあり、２万円前後する。××獣医は「高価で犬にも負担がかかるので、あくまでも飼い主さんとの話し合いになる」と語る。

38 文に"動き"を出すひと工夫

文に動きを出す　　　　　　　　　　　　よくある

原　文

どこまでも続く長い道。はてしなく広がる大空。空を自由に飛ぶオオワシ。北海道の風景は雄大だ。

↓

改善例

長い道がどこまでも続く。大空がはてしなく広がる。オオワシは空を自由に飛ぶ。北海道の風景は雄大だ。

☀ 動詞を使って、動きを出す

　二つの文例で上が悪く下がよいとは、必ずしも言えません。あくまでも"文に動きを出す"との観点からの評価です。

　原文は、文末がいずれも「道」「大空」「オオワシ」と名詞になっています。名詞には動きがありません。せっかく前に「どこまでも続く」「はてしなく広がる」「空を自由に飛ぶ」と動きを出す言葉があるのに、**名詞で動きを止めています**。その瞬間から、道・大空・オオワシが、あたかも１枚の風景画の構成要素であるかのように、固定されてしまいます。

　改善例は３文のすべてを、動詞で終わらせています。道・大空・オオワシの三つの要素を一幅の絵に閉じ込めず、道から空へ、そして空を舞うオオワシへと視点を順次移動させ、**読み手に一つ一つの光景をリアルに想像させます**。

　ずっとにぎやかになりますね。文末を動詞にすることで、こんな効果が生まれるのです。

動きを止めるのは名詞だけではありません。形容詞、形容動詞（「な・だ」がつく形容詞）もそうです。この二つは主に物事の「状態」を表すのが得意な言葉です。

　他方、**動詞は「動作」を表すのが得意です**。この性格の違いを意識して使い分けます。

> 原　文　著しい進歩だ（形容詞＋名詞＋だ）
> 改善例　著しく進歩した（副詞＋動詞）

> 原　文　デザイン性の追求が活発だ（名詞＋の＋名詞＋が＋形容動詞）
> 改善例　デザイン性を活発に追求し出した（名詞＋を＋副詞＋動詞）

POINT
動詞でも「〜ている」形は状態性が強く、動きが弱い

　動詞でも「〜ている」の形にすると、状態の表現になります。次のように「ている」を続けると、よどんだ、逡巡している雰囲気になります。

> 原　文　壁にぶつかっている。前進するか後退するか、迷っている。それ以外の道がないかとも考えている。
> 改善例　壁にぶつかった。前進するか後退するか、迷う。それ以外の道がないかとも考えた。

　改善例は「壁にぶつかった」事実を置き、そこから起きた心の揺れを「迷う」「考えた」と現在形と過去形を交ぜることで、変化と切迫感を出しています。前向きな感じもします。

39 文に"迫力"を出すひと工夫

文に動きを出す

ここでは、書いた文章に見出しをつけたり、標語を作るような場合に、助詞をうまく使って動きを出すことを考えます。次の文にはどんな見出しが適切でしょう。

　会社更生手続き中の○○社の管財人を務める××弁護士は、債権放棄を柱とした更生計画案について主力取引銀行などの合意が得られる見通しになったと明らかにした。

原 文
○○社の更生計画案が合意の見通し

⬇

改善例
○○社更生計画案、合意へ

☀ 助詞で終わらせて迫力を出す

　原文は平凡で動きもありません。「の」「が」「の」と三つも助詞を使っていますが、改善例ではそれらをすべてやめ、最後に方向を表す助詞「へ」を入れています。この「へ」で見通しの意味を出しているのです。「見通し」という名詞を出さず、「へ」で方向づけしたことで、動きと迫力が出ています。

　少ない字数で的確に内容を表現するのが見出しです。新聞の見出しには、こんな面倒な要求に応えるための工夫が、ふんだんに見られます。**その決め手は助詞の使い方です。**

- 首相責任問う声も

- まず執行停止を
- 給付金支給は？
- 両者戦績タイに
- 遭難か

いずれも後に続く述語を省いています。それでいて、記事の内容を見出しだけで推測できるようになっています。必要な助詞と述語を補えば、次のようになるでしょう。

- 首相の責任を問う声も出ている
- まず執行停止をすべきだ
- 給付金の支給はどうなっているのか
- 両者の戦績がタイになった
- 遭難かと見られる

これらを大幅に縮めながら、同じ内容を察知させてくれるのです。さらに、述語まで書かないことで、動きさえ生み出しています。

助詞には、後に出てくる述語を示唆する働きがあります。こんな働きを、一般の文の導入部や締めにも利用できそうです。

POINT 通常文を作ってから述語を削れば助詞が残る

では、「助詞打ち切り形」でどの助詞を用いるか。その答えは上の5文例の中にあります。見出し文と、その述語を補完した文（通常文）はどちらも、そっくり同じ助詞を使っています。であれば、通常文を作ってから述語部分をばっさり削ればよいのです。また、冒頭文例のように「見通し」を「へ」で代用する場合は、単語の意味に近い助詞を探します。

文にひと味加える　よくある

40 敬語をきちんと使いこなす

原文
先生様がお見えに**なられ**ました。

⬇

改善例
先生がお見えに**なり**ました。

☀ 二重敬語に要注意

　文章講座の受講生から、「会社の仕事で敬語を使うことが多いので、正しい使い方を教えて」とよく頼まれます。実務上の必要に迫られる機会が多いというのです。ビジネスマンには必須事項かもしれません。

　原文は二重敬語です。**「先生様」は、職名・職業名は敬称扱いするのが原則なので「先生」とします。**

　「**なられ**ました」を「**なり**ました」にしたのは、「**お～になる**」が正しい形ゆえです。語尾の「ました」は、尊敬とは別の丁寧表現です。

　職名では、会社の部長、課長なども敬称扱いします。「お～になる」パターンでは「**ご利用になられる**」「**お買い求めになられる**」といった二重敬語をよく見かけます。

　なんでも丁重に言えばよいというものではありません。基本的な敬語の間違いは、その人の素養が疑われ、信用にも影響します。

　敬語は敬意を表します。敬意を向ける対象は次ページに挙げた三つです。覚えてください。

①話に上っている話題の人……「○○様」
②話題の人に属する事物……○○様の「(ご)尊父」「(ご)令嬢」「(ご)令息」「(ご)尊顔」「(ご)高説」「ご署名」「ご衣装」「お口」など
③話題の人の行為・状態……○○様が「喜ばれる」「いらっしゃる」「ご挨拶なさる」「お美しい」「ご立派」など

それぞれの作り方は、以下の通りです。

①「様」をつける。
②「尊顔」「尊父」などの尊敬名詞か、それらに「ご」をつける、一般名詞に「お」「ご」をつける。
③形容詞・形容動詞には「お」「ご」をつける。
　動詞は以下の三つのタイプに分かれる。
　●助動詞「れる・られる」をつけるタイプ　　立つ➡立たれる
　●尊敬動詞を使うタイプ　　言う➡おっしゃる
　　　　　　　　　　　　　　行く・来る➡いらっしゃる
　　　　　　　　　　　　　　食べる・飲む➡召し上がる
　　　　　　　　　　　　　　する➡なさる・される
　●「ご・お〜なさる・される」と「ご・お〜になる」を用いるタイプ
　　見る➡ご覧になる

　なお一つの動詞でこの３タイプを作れるものもあります。
　●食べる➡食べられる（助動詞をつけるタイプ）
　　　　　　召し上がる（尊敬動詞タイプ）
　　　　　　お食べになる（「お〜になる」タイプ）

4-1 謙譲語をきちんと使いこなす

文にひと味加える / よくある

原文
大方のお客様が参られたそうなので、私たちもそろそろ参りませんか。

↓

改善例
大方のお客様がいらっしゃったそうなので、私たちもそろそろ参りましょうか。

自分を下げて相手を持ち上げる

　敬語とともに、私たちの頭を悩ませるのが、謙譲語の使い方です。一般に"尊敬表現"と言われる中身は、主に敬語（尊敬語）と謙譲語です。両者の使い方をマスターしてこそ、一人前の社会人と言えます。

　例文は、何かの会場にでも向かうときのセリフと思ってください。原文の「参る」は謙譲語で、「行く・来る」のへりくだった言い方です。**自らを謙遜する表現**です。

　文の前半の主語は"お客様"ですので、述語に敬語を使うべきです。「参る」に「られた」をつけて敬語にしたつもりかもしれませんが、「参る」自体が不適です。「いらっしゃった」とします。

　後半の主語は「私たち」なのでよさそうに見えますが、「私**たち**」の中には私以外の他者もいるので、「参りませんか」と疑問形で要求すると、**他者が「参る」ことになってしまいます**。「参りましょうか」と自分主体の行為にして誘うなら、問題ありません。

敬語と謙譲語の根本的な違いを図に表すと、下のようになります。

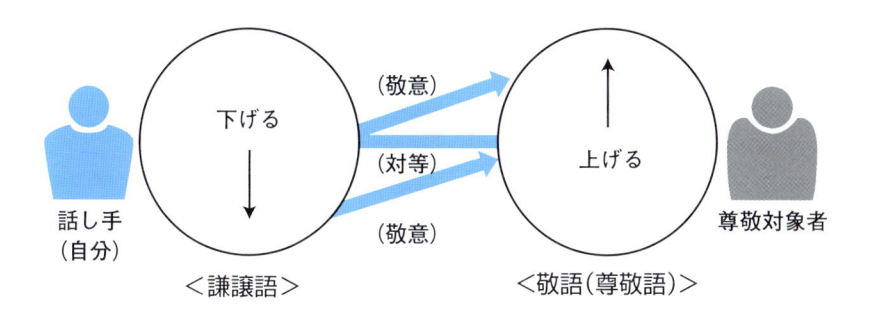

話し手（自分） 〈謙譲語〉下げる （敬意）（対等）（敬意） 〈敬語（尊敬語）〉上げる 尊敬対象者

対等の関係であれば、敬語も謙譲語も不要です。尊敬表現のポイントはこの「対等」の関係を崩すことにあり、**相手を上げるのが「敬語」、自分（話し手）を下げるのが「謙譲語」です。**

相手を上げても自分を下げても、斜めの矢印の関係になります。こうして尊敬対象者を仰ぎ見ることで、敬意が表せるのです。

謙譲語の作り方にも、基本パターンがあります。

① 「お・ご〜する・いたす」……お会いする、お待ちいたす、ご相談する、ご提供いたす
② 「お・ご〜いただく・申す」……お買い求めいただく、ご遠慮申す
③ 謙譲名詞……粗品、粗茶、拙著、拙宅、弊社など
④ 謙譲動詞……言う➡申す、食べる➡いただく、
　行く・来る➡うかがう・参る、知る➡存じる、
　聞く➡うかがう・拝聴する、見る➡拝見する、
　する➡いたす・申す
　など

42 文にひと味加える
「て」でつなぐか「、」で分けるか

原文
彼は猛烈に努力してよく遊ぶ。

⬇

改善例
彼は猛烈に努力し、よく遊ぶ。

☀ 「て」でつなぐのと「、」で分けるのでは意味が変わる

　「て」で前後二つの事柄をつなぐ方法は「て形接続」と呼ばれます。接続なので、**二つの事柄を一つのかたまりととらえます**。原文では「猛烈に努力する」と「よく遊ぶ」を一つにしているため、<u>よく遊ぶための努力を猛烈にしている</u>と受けとられてしまいます。

　改善例は「努力し、」というように読点「、」を打ち（動詞の連用形＋読点＝連用中止）、前後二つの事柄を分けています。こうすると、**先の事柄が完了してから後の事柄をすると理解されます**。<u>猛烈に努力もするし、よく遊びもする</u>ということになります。

　「て形接続」は「て」でつなぐ複数の事柄をひとかたまりにとらえたり、一連の動作と考えます。「連用中止」は「、」で区切られる各事柄を、別々のものととらえます。次の例文を見てください。

- 昨日はデパートへ行って買い物をして食事をしてきた。
- 昨日はデパートへ行き、買い物をし、食事をしてきた。

二つの文の内容は、明らかに違います。上の文では、**買い物も食事もデパートの中で済ませたと考えられます**。下の文では、デパートへ行ってから、次に外の店で買い物をし、その次に外のレストランで食事をしたと解釈されます。**デパートへは、買い物や食事とは別の用事で行ったのでしょう**。

　では、買い物をデパートでし、食事をデパートの外でした場合は、どうしますか。

●昨日はデパートへ行って買い物をし、食事をしてきた。

「て」でつなぐ文章には こんな原則もある

　「て形接続」には次のような原則もあります。文の主語が一つの場合、「て」の前と後の事柄が、「意志でコントロールできる動作・状態同士」か、「意志でコントロールできない動作・状態同士」でなければならない——というきまりです。

原　文　彼は飛行機で目的地に着いて友達に電話した。
改善例　彼は飛行機で目的地に着き、友達に電話した。

　原文はルール違反です。この場合の「目的地に着く」のは飛行機まかせなので自分の意志でコントロールできませんが、「電話をする」のはコントロールできることです。
　この場合には改善例のように「連用中止」を用います。

43 文にひと味加える 「そうだ」「ようだ」「らしい」の使い分け

原文
詳しいことはわかりませんが、ヘリが降下中に事故が起きたらしいです。

改善例
関係者の話によると、ヘリが降下中に事故が起きたようです。

☀ 強い根拠があるときに、「らしい」を使う

　推量表現にはいろいろありますが、**「らしい」はその中でもかなり確実な根拠にもとづいて推量する場合に用いられます**。「詳しいことはわかりませんが」と断っておいて、「らしい」と推量するのは無責任です。警察や事故調査委員会などのきちんとした結論が出た後で「らしい」を使うべきでしょう。

　原文は前半と後半の内容的バランスが悪いので、全面的に言い換えました。前半で「関係者の話によると」と根拠を示し、それにふさわしい推量表現として「ようです」を使っています。
　推量表現の「そうだ」「ようだ」「らしい」には、使い方に微妙な違いがあります。母親が靴屋に子どもを連れて行き、靴選びをしている風景をイメージしてください。次の三つの表現はどう違うのでしょう。

①この靴は小さいようだわ。
②この靴は小さそうですね。
③この靴は小さいらしい。

①**「ようだ」**の「よう」は「様」＝様子から出た表現です。子どもが靴を履いてみて何かもぞもぞしているのかもしれません。履き心地が悪そうな様子を見て、母親が直感的に「小さいようだ」と判断しているのです。

②**「そうです」**の「そう」は「相」に由来します。つまり外面に現れた様子からの判断です。これも①同様、感覚や勘を働かせるのですが、その元になるのは視覚です。売り場に陳列されている靴と、子どもの足の大きさとを見比べているのでしょう。まだ、靴を実際に履かせていない状況での判断です。

③**「らしい」**は、はっきりした根拠がある場合です。実際に履かせたら子どもが顔をしかめたとか、指でつま先を押したらきつかった場合です。

> **POINT**
> **根拠の中身や強さによって推量表現を使い分ける**
>
> 推量表現にはこのほか、「～かもしれない」「～だろう」「～に違いない」「～のはずだ」など多様なバリエーションがあります。その違いを認識するには、文例を作ってみることです。
>
> 人事話で考えてみましょう。「課長が異動するかもしれない」「異動するだろう」「異動するに違いない」「異動するはずだ」
>
> 「かもしれない」は「ひょっとすると」というニュアンスです。「だろう」となると何か根拠がありそうですが、まだ弱いです。「に違いない」「のはずだ」となると、ほぼ間違いなしという感がします。

44 カタカナ語を乱用しない

品をよくする / よくある

原文
課員各人が<mark>ルーチンワーク</mark>にいかに<mark>ポジティブ</mark>に取り組んだかが、課<mark>トータル</mark>としての<mark>パフォーマンスアップ</mark>にもつながる。

改善例
課員各人が<mark>日常業務</mark>にいかに<mark>前向き</mark>に取り組んだかが、課<mark>全体</mark>としての<mark>成績向上</mark>にもつながる。

☀ 不要なカタカナ語は品を落とす

　カタカナ語が氾濫しています。ＩＴやファッション業界など、外国から専門用語をいち早く取り入れる必要がある分野では仕方ないかもしれませんが、必要がない所でもよく使われています。

　実際に使われているカタカナ語の大半は、日本語で間に合います。それでもカタカナ語を使いたがるのは、格好をつけてみたいとか、えらそうに見せたいからとしか考えられません。

　しかし、カタカナ語の乱用は、**その言葉を知らない読み手を戸惑わせ、意味がすんなり伝わりません**。言葉の意味を知っている読み手には、"こけおどし"をしようとするその心理が読まれてしまい、**結果的に文章の品位を落とします**。

　よく目にするカタカナ語の代表的なものとその日本語訳を、次のページに挙げます。

カタカナ語	日本語訳	カタカナ語	日本語訳
アーカイブ	保存記録	アウトソーシング	外部委託
アカウンタビリティー	説明責任	アセスメント	影響評価
アメニティー	快適環境	イニシアチブ	主導権
イノベーション	技術革新／経営革新	インスピレーション	ひらめき
インターンシップ	体験就業	エンフォースメント	法執行
ガイドライン	指針	グランドデザイン	全体構想
コンセプト	概念／考え	コンセンサス	合意
コンテンツ	内容	コンプライアンス	法令遵守
スペック	仕様書	セキュリティー	安全性
セクター	部門	パートナーシップ	協力関係
バリアフリー	障壁なし	マニフェスト	声明書／宣言書
モチベーション	動機づけ	モラルハザード	倫理崩壊
ユニバーサルサービス	全国均一サービス	ワークショップ	参加型講習会

POINT カタカナ語には外国人に理解できないものもある

　カタカナ語がすべて外来語かというと、必ずしもそうでありません。少し怪しげな和製英語も世の中には氾濫しています。

　英語を母語とする外国人が理解できない和製英語には、アダルトサイト、アドバルーン、アフレコ、オーダーメード、ガソリンスタンド、コンセント、スキンシップ、デコレーションケーキ、ノートパソコン、フリーダイヤル、ボイスレコーダー、リサイクルショップ、ワイシャツ、ワイドショーなどがあります。

45 「？」「！」を乱用しない

品をよくする / よくある

原文

自治体が野良ネコを徹底管理する！という。それを聞いた時、なんてよい制度なんだ！と感心した。だが、本当だろうか？誰にとって？　ネコ？　人間？

↓

改善例

自治体が野良ネコを徹底管理するという。それを聞いた時、なんとよい制度なのかと感心した。だが、本当だろうか。誰にとってよいのか。ネコ、それとも人間？

記号の乱用は品を落とす

　感嘆符（！）は感動・興奮・強調・驚きなどを、疑問符（？）は疑問を表します。気持ちを端的に表現するのに便利ですが、**乱用すると文の品が落ちます。適切な所に、きわめて自制的に使いましょう。**

　原文では、「！」が2箇所、「？」が4箇所に連続して用いられています。特に「！」は文中での使用です。通常、**文末に用いる記号を文中に入れると、文がそこで中断され、違和感が生じます**。どうしても文中に用いたいときは、「自治体が野良ネコを徹底管理する（！）という。」のようにかっこ内に入れるべきです。でも、この文では必要ありません。

　「？」については、最初の「本当だろうか？」は**疑問文として成立しているので不要です**。「誰にとって？」は、述語が不明です。前の文を越えた「よい（制度）」を受けた問いなので、「誰にとってよいのか」と述語を補うべきです。そうすれば「？」は不要となります。改善例では最後の「？」だけ残しました。これで十分です。

記号の乱用は文を稚拙にする

「！」「？」は気持ちを表す記号なので、乱用すると筆者の感情が前面に出されます。実用文はむき出しの思いを伝えるものではありません。気持ちをほどよくコントロールしてこそ、文章の品が保たれます。そのコントロールが利いていないのを見せつけてしまうのが、こうした記号の乱用です。

その結果、読み手は筆者に気持ちの押し売りをされた気分になります。筆者にすれば「わかってほしい」との思いを記号に込めたのでしょうが、**思いが過ぎて稚拙ささえ感じさせてしまいます。**

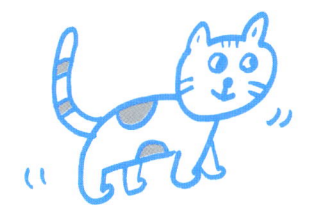

POINT
便利な道具は自制的に使ってこそ生きる

「！」「？」にかぎらず、絵文字も含めたさまざまな記号を文章に取り入れる風潮があります。携帯メールの世界では、当事者同士にしか理解できない記号がにぎやかに飛び交っています。きっとお互いに楽しく、かつ微妙な感情を上手に伝える手段になっているのでしょう。

でも、実用文の多くは、目上の人や多くの人の目にふれる文章です。一般に書き言葉の世界は、むしろやや保守的な世界であると理解しておくとよいでしょう。

46 体言止めは情報不足

品をよくする

原文
A社は4月、新機軸の店を開店。この1カ月間の利用客は1日平均350人。店長いわく、「客の反応は上々」。

⬇

改善例
A社は4月、新機軸の店を開店させた。この1カ月間の利用客は1日平均350人と、目標の300人を上回った。店長は「客の反応は上々」と喜んでいる。

☀ 実用文で体言止めは避ける

　体言止めは述語を省き、体言（名詞、代名詞）で文を打ち切ります。**日本語文は、肯定か、否定か、疑問かが、文末にならないとわかりません**。「〜である」で終われば肯定、「〜でない」なら否定、「〜か」なら疑問というように、最後の最後が決め手となります。**その手前で止める体言止めは、情報面で不完全な文となります。**

　原文の「新機軸の店を開店。」は「開店させた」のか「開店させる」のか不明です。次の「1日平均350人」は多いのか少ないのか数字への評価が不明です。次の「客の反応は上々」がそのあたりを補足していますが、これも思ったより客数は少ないけれど反応は上々ということもあり得ます。改善例では「目標の300人を上回った」「喜んでいる」を補足し、疑問の余地をなくしました。

　体言止めもうまく使えば、文にテンポや余韻が生まれます。でも、**乱用すれば文の品位を落とすので、お勧めできません。**

●彼女はそれを一口でペロリ。見ていた私はポカン。一同も口をあんぐり。

　上の文は手垢のついた決まり文句を使っているので、いっそう品を悪くしています。

　次の例文は、ぶつぎりそのものです。改善例では述語を補いました。第1文のみ体言止めを残し、ほかは内容を補足して、文に潤いを出しました。

原文 帰宅するのが10時～11時。レシピ検索で30分～40分。やっと夜食の準備。今日はベーコンとナスのパスタ。定番メニュー。

改善例 帰宅するのが10時～11時。レシピ検索をしていると、あっと言う間に30分～40分がたつ。それからやっと夜食の準備だ。今日は私の定番メニューの、ベーコンとナスのパスタである。

POINT
必要事項を省略しない体言止めの使い方

　社内報の記事など、字数制限があり、少ない字数に多くの情報を盛り込むとき、体言止めは便利です。最たる例はタウン誌のお店紹介記事です。

●オープンしたばかりの中華料理店。中国人シェフが腕をふるう本場の味で、中でも麻婆豆腐は一押し。奥行きのある風味と辛味、さんしょうの刺激が絶妙にマッチ。

　これは実際の記事です。体言止めが三つ続きますが、第1文の「オープンしたばかり」が実質の述語で、次の「一押し」も補うべきは「だ」、三つめの「マッチ」も「する」を補えば済みます。必要な中身は省略していないのです。

47 品をよくする
「～たいと思う」を使わない

原文
世間をお騒がせし、申し訳ありません。心よりおわびしたいと思います。

⬇

改善例
私どもが不祥事を起こし、申し訳ありません。心よりおわび致します。

☀ へりくだっているようで無礼

　不祥事を起こした企業や組織のトップらが、原文のようなセリフをよく口にします。いかにもへりくだっているようでいて、実は慇懃無礼とも言えます。

　「～したい」は話者の希望や要望を、「～と思います」も自分の思いを伝える表現です。「～したいと思います」では二重表現です。

　でも、もっとおかしいのは、**今まさにわびようとしている人が、「したい」「思います」と未来への心づもりを口にする点です。**

　当人は、丁寧に、失礼のないようにと気をつかったのかもしれませんが、敬意の厚塗りは逆に品位を落とします。第1文と合わせて読めば、むしろこの話者は誠意の欠けた人物と取られてもおかしくありません。

　なぜなら、謝罪の理由を「世間をお騒がせしたこと」にしているからです。政治家もよく使うフレーズですね。世間を騒がせたけど私は潔白だ、と言いたげです。

改善例では謝罪の理由を自らの不祥事だとはっきり認め、第２文の表現も率直なものにしました。

　謝罪にかぎらず「～たいと思います」は、テレビのレポーターたちもよく使います。

●では、これから食べてみたいと思います。
●それでは、聞いてみたいと思います。

「～と思います」で自分の行為の予告をするときには、「～」の部分に「よう」が入ります。上の例では「食べてみようと思います」「聞いてみようと思います」が正しい形です。ただし、これでも間が抜けています。**単刀直入に「食べてみます」「聞いてみます」でよいのです。**

POINT

「～たいと思う」は 自信のなさの表れにもつながる

　「～たいと思う」は上で紹介した謝罪、自らの行為の予告とは別の例もあります。他者に何かを求める表現としての「～たいと思う」です。

　原　文　実態を把握した上で方針を決めていただきたいと思う。
　改善例　実態を把握した上で方針を決めていただきたい。

　他者への要望を文章化するなら、「～していただきたい」と言い切るべきです。強すぎるのではと心配するのかもしれませんが、主張すべきときにはきちんと主張すべきです。

インパクトを強める

48 キーワードを盛り込む

原文
医療機関が患者の信頼を回復させるには、たとえば、長時間にわたって患者を待たせて診療にはわずか数分しかかけないといった問題の改善が必要だ。

⬇

改善例
医療機関が患者の信頼を回復させるには、たとえば「3時間待ちの3分診療」といった問題の改善が必要だ。

☀ 楽に理解させ、説明が省ける

　よく知られているキーワードがある場合、それを上手に利用すれば読み手の理解が進みます。また、**キーワードを一つ出すことで、事実を長々と説明する手間も省けます。**

　原文の「長時間にわたって患者を待たせて診療にはわずか数分しかかけないといった問題」を、改善例の「3時間待ちの3分診療」に置き換えれば一言で済むし、そのほうが読み手の理解もスムーズです。

　実際に待たせる時間は3時間ではなく、1時間の場合も半日の場合もあるかもしれません。筆者は正確を期して表現しようとしたのかもしれませんが、そんな心配は要りません。そんなあれこれをひっくるめて「3時間待ちの3分診療」と象徴的に言っているのです。

　上のような一般に知られたキーワードがない場合も、自分なりにキーワードになる言葉を文脈の中から引き出して示すと、読み手の理解が進みます。次のようなケースです。

原文 一人でどんなにがんばっても、他の者たちがそっぽを向いていたのでは、成果があがらない。まずは趣旨をわかってくれる人を見つけるとよい。

改善例 一人でどんなにがんばっても、他者が 協調 してくれないと、成果があがらない。まずは趣旨への 賛同者 を見つけるとよい。

　上の文例「他の者たちがそっぽを向いていたのでは」を下の文では「他者が協調してくれないと」に、「趣旨をわかってくれる人」を「趣旨への賛同者」にそれぞれ置き換えました。
　この「協調」「賛同者」というキーワードを出すことで、この後の文章展開はまちがいなく論理的なものになるはずです。

POINT　他の象徴事例になぞらえてもキーワードが作れる

　上で紹介した文例では、表現する事実をしっかり見つめ、そこからふさわしいキーワードを引き出しています。こんな方法でなく、他の象徴的な事例になぞらえてキーワードを作る方法もあります。
　最近のものでは「日本の携帯電話の"ガラパゴス化"」がそうですね。「ガラパゴス化」とは独自の発展により世界標準からかけ離れてしまうことです。生物の世界で独自の進化を見せるガラパゴス諸島に、他分野の事例を重ねているのです。以前よく用いられた「○○のチベット」という言い方と同じです。「○○の△△（化）」というパターン、ほかにもいろいろ作れそうです。

49 すごさを一目でわからせる
インパクトを強める

> **原文**
> 2005年、日本の人口が自然減少した。この傾向は今後も続くと見られ、その行方が憂慮されている。
>
> ↓
>
> **改善例**
> 2005年、日本の人口が史上初めて自然減少した。この傾向は今後も続くと見られ、2050年には1億人を切ると予測され、多方面への影響が憂慮されている。

☀ "客観的"にすごさを表す

　事実を淡々と紹介するだけでは、読み手にそのすごさがわからないことがあります。何かすごいことを紹介するときには、**それが客観的に見てどれほどすごいのかを、端的な言葉で知らせるべきです**。

　原文ではたんに「人口が自然減少した」としか書いていません。改善例ではそれに「史上初めて」を補足しました。戦時中に人口を減らしたのを除けば、日本の人口が自然に減ったことは一度もなかったのです。特に戦後は一貫して大幅に人口を伸ばしました。「史上初めて」の自然減少はまさに一大事なのです。

　また原文では「その（人口の自然減少の）行方が憂慮されている」と述べるにとどめています。改善例のように「(2050年には) 1億人を切る」と具体的予測を突きつけられれば、「へえーっ、そんなにすごい減少幅なのか」と驚かされることでしょう。

スポーツ記事などでは「史上初」をはじめ、「世界新記録」「○年連続Ⅴ」「全国1」といった大見出しが目を引きます。このように、**すごさはその事柄の客観的評価を見せることで一目瞭然となります。**

なにも世界級、全国級の実績である必要はありません。「子どもの成績が<u>クラスで3番</u>」でもよいですし、「セールスの売り上げが<u>社内でトップになった</u>」「<u>唯一の</u>特典」などでもよいでしょう。次例のように、ほかの国と比べてみる手もあります。

> **原文** 日本の医師数はけっして多くなく、それが医療過疎にも影響している。

> **改善例** 日本の医師数は、人口1000人対比でOECD平均が3.0人なのに対して2.0人、と3割以上も下回っており、それが医療過疎にも影響している。

> **POINT** すごさを見せるポイントは
> 客観的評価を端的に示すこと

「すごさ」はプラスのことばかりではなく、マイナスのこともあります。とにかくけた外れの事態だったり、実績だったりしたら、そのけた外れぶりを簡便にわからせる工夫をするのです。

たとえば、日本の自殺者数が1998年から年間3万人を超え、以後12年間（2009年現在）も続いています。この事態にも「史上初めて」「人口10万人対比の自殺率は先進国で最悪、世界で6位」などをつけ加えれば、事態の深刻さがいっそう強くアピールされます。

● 日本の自殺者は1998年に史上初めて年間3万人を超え、以後12年間続いている。さらに人口10万人対比の自殺率は先進国で最悪、世界で6位だ。

50 インパクトを強める
「ので」と「から」ではインパクトが違う

原文
台風が近づいているから、遊泳禁止になりました。

⬇

改善例
台風が近づいているので、遊泳禁止になりました。

☀ 「ので」は客観性が強く、「から」は主観性が強い

　「ので」と「から」はどちらも原因・理由を表します。似たもの同士ですが、「ので」は客観性が強い表現、「から」は主観性が強い表現に用いられます。**客観性の強い「ので」を用いたほうが、文のインパクトが強まります。**

　前半の台風が近づいていることと、後半の遊泳禁止になったことはどちらも客観事実であり、両者の結びつきには必然性があります。こんな場合は「ので」を使います。**「から」は前件と後件を主観的に結びつけるので、話者が勝手にそう判断したとのニュアンスが出てしまいます。**「から」は話し言葉的なので実際の会話でよく使われますが、文章で書くときは気をつけましょう。
　以下に「ので」を使う典型例を挙げます。

- 猛暑が続いたので、熱中症患者が続出した。
- 事故で電車が止まったので、遅刻した。
- 日曜日なので、休館です。

逆に「ので」を用いずに「から」を用いたほうがよいケースもあります。主観の強い文です。**とりわけ後半（主節）が推量・意志・要求・命令などの場合は、「から」を使うべきです。次のような例です。**

- 夕焼けがきれいだから、明日もよいお天気でしょう。（推量）
- 風が強いから、窓を閉めよう。（意志）
- くだらんから、やめておけ。（命令）

要するに、「から」は主観の範囲内の表現で、ときにはひとりよがりのことさえあります。「から」と「ので」のどちらも使えるケースもあります。そんなときでも、**説得力を考えたら「ので」を用いたほうがよいでしょう。**

> **原　文** 明日は忙しいから、参加できません。
>
> **改善例** 明日は忙しいので、参加できません。

「から」を用いたほうは、言い訳がましく聞こえませんか。

POINT 「ので」を使った文は前後の文体をそろえなくてもよい

「ので」を使った文は、前半と後半の二つのつながりがとても強いので、「です・ます」体（敬体）で書く場合、後半の文末だけ敬体にすれば済みます。他方、「から」を使った文は前半も敬体でそろえることが多いです。

> **原　文** 用事があるから、今日は失礼します。
>
> **改善例①** 用事があるので、今日は失礼します。
>
> **改善例②** 用事がありますから、今日は失礼します。

インパクトを強める

51 語順を変えて文を強く

原　文
私は、人の話を聞かずに勝手なおしゃべりをする酔っ払いがいやです。

改善例
いやですね、酔っ払いは。人の話は聞かない、勝手なおしゃべりはするしで。

☼ 強調したいことを先に出し、余分な言葉は削る

　以前、ある高名な落語家をインタビューした時、上のようなことを語ってくれました。その談話の引用文です。高座でしゃべる時に酔っ払いがいるとやりづらいという趣旨でした。もちろん、その語り口は改善例のほうでした。原文と改善例の構造は次のように違います。

- ●原　文……主語＋目的語＋述語
- ●改善例……第１文［述語＋目的語］＋第２文［その理由］

　原文はごく標準的な組み立ての文です。改善例はこれを２文に分け、第１文に原文最後の「酔っ払いがいやです」を移して独立させています。その文中でも「いやですね、酔っ払いは」と、語順を入れ替えました。つまり、二重の倒置がなされています。**通常の語順を入れ替えると違和感が生じ、文意が強まります。**それを二重にやっているのです。

改善例の第2文は理由説明です。主役が出た後の脇役という感じです。改善例ではさらに主語も消えています。話者の気持ちを語っていることがわかっているので、省略したのです。むしろ、あるとせっかくの「強め」が弱まります。上例から、次の「強め」テクニックが導き出せます。

①通常の語順を倒置させ、強調したいことを先に出す。
②余分な言葉を省略する。

　原則の中心にあるのは①で、②は付随的です。

　以下に、このテクニックを応用した例文を挙げておきます。たしかに、先頭にある言葉が強調されていますね。

- <u>飛び出してきたサルを</u>、トラックがひきそうになった。
（目的語先行・断定文）
- <u>そんなバカはしません</u>、うちの子どもたちは。（述語先行・断定文）
- <u>誰だ</u>、そんなことを言うのは。（述語先行・疑問文）
- <u>すぐやりなさい</u>、頼まれたことは。（述語先行・命令文）

POINT
　　一番言いたいことを先に出す
　　　そのために語順を倒置させる

　日本語文は文末まで行かないと肯定や否定、疑問などの区別がつかない、と108ページでも述べました。これには以心伝心の文化をもつ民族なので、空を見上げて「今日はお天気が……」と言えば、相手が「良いですね」とその先を補ってくれる、つまり最後まで言わずに済む文化なのだ、だから区別が最後でも支障がないのだという説があります。

　そんな話し方になじんでいる私たちは、いきなり結論や大事なことから話されるとびっくりします。倒置強調が成り立つのもこんな背景があるからかな、と私なりに推測しています。

52 事実を紹介したら、その意味も明らかに

読み手を説得する　　よくある

原文

座席が満杯の電車に、お年寄りが乗り込んできた。パリッとしたスーツを着込んだ大人たちが目をそらす一方、だらしない服装の高校生がさっと席を譲った。

改善例①

座席が満杯の電車に、お年寄りが乗り込んできた。パリッとしたスーツを着込んだ大人たちが目をそらす一方、だらしない服装の高校生がさっと席を譲った。人を、見た目で判断してはいけないと思った。

事実の紹介だけでは何が言いたいのかわからない

　自らの体験、見聞きしたこと、あるいは数値データなど、具体的事実を紹介したら、**その事実が何を意味するのか、すなわち筆者がそれを通じて何を伝えたいのかを、すぐに明らかにすべきです**。事実をそのまま投げ出されただけでは、「だから何なの？」という疑問が残るからです。

　原文では、自分が目撃した事実しか述べていません。

　実は、この例文では二つの意味づけが可能です。「パリッとしたスーツを着込んだ」と「だらしない服装」に目を向ければ、改善例①のような「人を見た目で判断してはいけないと思った」との意味づけができます。この場合は「大人たち」と「高校生」という対比を出さず、「人たち」と「人」でもよいのです。

他方、「大人たち」と「高校生」という世代間の違いに目を向ければ、次のような意味づけもできます。

> **改善例②** 座席が満杯の電車に、お年寄りが乗り込んできた。紳士然とした大人たちが目をそらす一方、高校生がさっと立って席を譲った。とかく若者のマナーの悪さが非難されがちだが、むしろ若者のほうが良いのかもしれない。

この場合には、「パリッとしたスーツを着込んだ」「だらしない服装」という記述は邪魔です。**意味づけに不要な部分は刈り取り**、代わりに大人たちに「紳士然」をつけ加え、マナーの話にもって行きやすくしています。

以上から、事実に意味づけをする理由、その仕方が明らかになります。

① 事実を紹介しただけでは、何を意味するのかわからなかったり、複数の読み取りが可能な場合がある。筆者自身が意味づけをすることで、伝えたい内容を明確にできる。
② 文章で大事なのは意味づけのほうなので、事実紹介は意味づけを引き出すのに必要な範囲にとどめればよい。

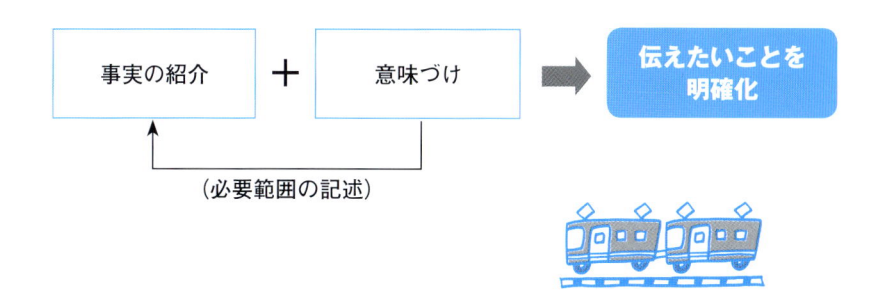

事実の紹介 ＋ 意味づけ ⇒ 伝えたいことを明確化

（必要範囲の記述）

53 強い具体的・客観的根拠をつける

読み手を説得する / よくある

> **原文**
>
> この校舎はとにかく貴重な建築物なので、保存してほしい。
>
> ⬇
>
> **改善例**
>
> この校舎は関東大震災後の「復興小学校」の貴重な現存遺構として国の重要文化財に相当すると専門家も高く評価しているので、保存してほしい。

☀ 根拠が強ければ説得力も強い

　原文は「とにかく貴重な建築物」としか言っていません。これではどう貴重なのかが不明です。筆者だけがそう思っていると取られるおそれもあります。**理由づけが抽象的なのです。**

　改善例は、それがどんな点でどう貴重なのかを具体的・客観的な根拠をつけて説明しています。専門家が「国の重要文化財に相当する」と言うなら、かなり強い根拠と言えます。

　とはいえ、**具体的・客観的でさえあればよいのではありません。**根拠として強いもの、弱いものがありますから、その中で一番強い根拠を選ばなくてはいけません。根拠が強ければ説得力も強く、根拠が弱ければ説得力も弱くなります。

　たとえば、子どもがおこづかいを増やしてほしいと親に訴えるとして、次のどれがより強いでしょうか。

- とにかく足りない
- 買いたいものがある
- 交友関係が広がっておこづかいが足りなくなった
- この2年間、おこづかいを増やしてもらっていない
- 調べたらクラスでおこづかいが一番少なかった
- ここ1年で物価が2％上がった

六つの理由の中では、後ろにいくにつれて説得力も強くなっていきます。こんなふうに多角的な観点から根拠を探します。

また一般論として、説得力を強める根拠づけには、次のようなことが言えます。

- 個人的なものよりも社会的なもののほうが強い
- 数字や科学的データを挙げると納得させやすい
- 伝聞や噂よりも決定的な事実を示すほうが強い
- 公的権威や専門家のお墨つきを得るのも有効なことがある
- 最強の一つを挙げて済む場合もあるが、それがない場合にはいくつかの根拠を合わせる"合わせ技"も有効である

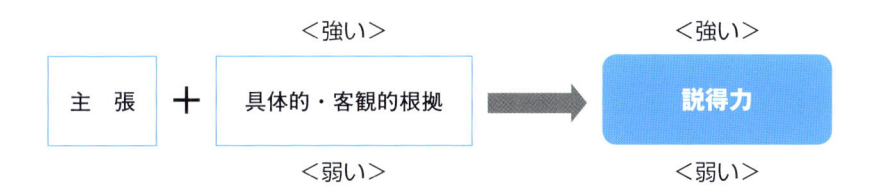

```
              <強い>              <強い>
主 張  ＋  具体的・客観的根拠  ⇒   説得力
              <弱い>              <弱い>
```

図解すると、上のようになります。何かを主張する場合に根拠づけは必須です。**主張だけを書いたのでは、読み手を説得できません。**感情に訴える手もありますが、実用文向きではありません。

読み手を説得する

54 自信をもって断定形にする

> **原文**
>
> 最近、飲食店のサービスが悪くなった<u>ように</u>感じる。安いチェーン店で特にそう<u>感じる</u>。合理化を進める中で何か大切なものが失われている<u>ように思う</u>。

⬇

> **改善例**
>
> 最近、飲食店のサービスが悪くなった。安いチェーン店で特にそうだ。合理化を進める中で何か大切なものが失われたの<u>でないか</u>。

☀ 推量表現は自信のなさ・調査不足の表れ

　原文の「ように感じる」「そう感じる」「ように思う」の、**「よう」も「感じる・思う」もいかにも自信なさげです**。二重に自信のなさを印象づけています。これは、日本人の英語は何でも最初に「I think ～（私は思う）」をつけると言われるのと、よく似ています。個人的に感じたり思ったことばかり、しかも自信のない調子で書かれたのでは、読み手はたまりません。

　自分が感じたことであっても、それが自分ひとりの思い込みではないと考えるから話題にするのです。自信がなければ、文章にすべきでありません。**自信が足りないなら、他人の意見も聞いてみる、何かの資料やデータに当たってみる**。そうしてある程度の確信を得た上で、「～だ」と断定形にします。

改善例では、「悪くなった」「そうだ」と断定形にしています。最後だけ「～でないか」と疑問形ですが、その中身は反語であって、「大切なものが失われたはずだ」との確信が筆者にある表現です。

　このように断定するには、書く前に自信をもつ必要があります。自信をもつためには、一つひとつの文で主張する中身に対する裏づけ（根拠）が必要となります。**確たる裏づけがないのに断定すれば、この筆者はなんと一方的な物言いをするのかと信頼を失います**。その裏づけを得るにはどうすればよいかは、前項（122ページ）を参照してください。

　「感じる」とか「思う」以外にも、「～だろう」「～かもしれない」といった推量表現ばかり使う文章も迫力がありません。あいまいさと自信のなさ、調査不足を露呈させてしまいます。

> **POINT**
> **断定形にするには**
> **書く内容に自信をもつ**

　断定形が強い説得力をもつといっても、すべての文を断定形にはできません。推量や疑問、伝聞、引用などそれぞれの文にふさわしい形をとればよいのですが、<u>自分が一番強く主張したい重要部分は断定形にすべきです</u>。それさえ「～ではなかろうか」「たぶん～だろう」「～と私は思う」と逃げていたのでは、読み手をとうてい説得できません。

　謙虚さと自信のなさは異なります。「～と思う」「～と感じる」を謙虚さの表現と勘違いしている人も時どきいますが、多くの場合、まちがいなく自信がないのです。

読み手を説得する　よくある

55 感動や感情を押しつけない

原文

　先日、タクシーに乗り、運転手の挨拶(あいさつ)に驚いた。「私は○○交通の△△でございます。目的地まで安全運転で参ります」と言うではないか。なんともさわやかな挨拶。恐縮すると同時に感動し、それから居心地よい安心感を覚えた。

⬇

改善例

先日、タクシーに乗ったら、運転手が「私は○○交通の△△でございます。目的地まで安全運転で参ります」と挨拶した。このさわやかな挨拶に驚き、それからスーッと安心感を覚え、居心地がよかった。

☀ 事実を描いて感情を表す

　感動しても「感動した」と言わず、うれしくても「うれしい」とストレートに言わない。これが感情表現の原則です。**感情語を抑制的に用いるほど、思いは静かに深く伝わります。**

　原文は、筆者の思いが最初から文字面にあふれています。「驚いた」から始まり、「〜と言うではないか」「なんとも〜」と立て続けに驚きを強調する表現が出てきます。

　さらにストレートな感情表現が、「さわやかな」「恐縮する」「感動し」「居心地よい安心感を覚えた」と盛りだくさんです。このうち、「驚いた」「居心地よい」「安心感」は心の動きを丁寧に追う表現として使えます。

　感動がらみの突出した部分を大胆に削り、事実にふさわしい表現にした

のが、改善例です。

　例文のハイライトは、挨拶そのものです。それを大事にし、挨拶から受けた感動を抑制的に表しています。改善例の「それからスーッと安心感を覚え、居心地がよかった」ことこそが、感動がもたらした産物なのです。それをしっかり伝えれば、読み手はその事実から感動を汲み取り、自分なりに考え、感じてくれます。

喜びや悲しみ、怒りなどは、それを象徴的に表す具体的な事実や状況をしっかり描くことで、読み手に強く印象づけられます。前項には「事実には意味づけを」とありますが、それは論理的に論じる場合のことです。心理的・感情的に迫る場合は、ハートに訴える事実をうまく出せば、その事実が筆者の気持ちさえ語ってくれるのです。

原文　その瞬間、彼の顔は 怒り でいっぱいになった。

改善例　その瞬間、彼の顔はみるみる紅潮し、目が血走った。

POINT
感情を表すのに
感情語はかえって邪魔

　私事で恐縮ですが、私は『チンチン電車と女学生』（共著、日本評論社、2005年）という広島被爆の本を書きました。戦地にとられた男たちに代わって女学生たちが路面電車を走らせ被爆した秘話です。

　本の後半は被爆後の「地獄図」の世界となります。それがわかっているので、私は前半で女学生らしい楽しみや喜びもある青春を、徹底的に事実に即して描きました。その日常が原爆で一瞬のうちに奪い去られた。この反転が強く深いほど、悲劇のおぞましさが強く伝わるからです。

　感情表現を極力抑制し、すべてを具体的事実の迫真力に託したのです。

抽象と具体の行き来

　抽象と具体、なんて書くと難しそうですが、ここで述べることをきちんと理解すれば、文章の内容が飛躍的に充実します。

　具体例やデータを出して話を進めるのが「具体」レベルです。でも、事実をいくら並べても、話は深まりません。ただ、量的に横に広がるだけです。それを縦に深めたり高めたりするのが「抽象」レベルの考察です。

　人に具体的なことを長々と話すと、相手は「だから、何なの？」と尋ねるはずです。事実を通して言いたいことは何なのか、と聞いているのです。その何かをはっきりさせるには、話した事実を解釈したり分析し、「意味」をつかむこと（＝概念化、一般化）が必要です。その作業が「抽象」化です。

　たとえば、体重が大幅に増えた、ウエストが太くなった、血圧が上がった、体脂肪が増えたとします。個々の事実を紹介するだけでは、核心がつかめません。それらをまとめて「メタボリック症候群」と概念化すれば、ことの重要性がつかめるのです。

　逆に、抽象概念が先行するときは、それを具体例に落として考えを進めます。こうして具体⇔抽象の行き来をうまくやることで、物事のより本質に近い所まで考えを深めていけるし、読み手にわかりやすい文章にもなります。

第3章
語法を意識しよう

主　語
助　詞
助動詞
副　詞
述語・述部

ステップ3

主語

56 主語を示す「は」と「が」の使い分け①

> **原文**
> 昔々、ある所におじいさんとおばあさんは住んでいました。おじいさんが山へ柴刈りに、おばあさんが川へ洗濯に行きました。

⬇

> **改善例**
> 昔々、ある所におじいさんとおばあさんが住んでいました。おじいさんは山へ柴刈りに、おばあさんは川へ洗濯に行きました。

主語が新情報なら「が」、旧情報なら「は」

　誰もがよく知る昔話の出だしです。原文を読んで、あれっ、なんか変だと思ったことでしょう。私たちは「は」と「が」を自然に使い分けているので、違和感をもつのです。でも、それがどんな使い分けなのかまでは、知らないでしょう。

　この例文に見るような「は」と「が」の違いを、有名な国語学者だった大野晋さんがうまく説明しています。「既知」と「未知」という考えから、この違いを説きます。**「が」の前には未知のもの、「は」の前には既知のものが来る**と言うのです。

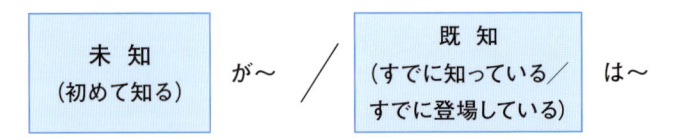

| 未知
(初めて知る) | が〜 ／ | 既知
(すでに知っている／
すでに登場している) | は〜 |

例文であれば、「昔々、ある所に」で始まる第１文のおじいさんとおばあさんが読み手には未知の存在なので、「が」になります。第２文になればもう二人とも既知の存在になるので、「は」で受けるのです。
　これを情報という側面から解釈すれば、**既知＝旧情報、未知＝新情報**となります。疑問文とそれに対する回答文で考えると、わかりやすいでしょう。

　質問　「イチローは何をしているの？」
　　　　　➡ 答え　「イチローは走っています」

　この質問者と相手はイチローがいることはわかっている（旧情報）のですが、「何をしているか」がわかりません。その「何を」に対する答え（走っています）が新情報です。**「は」の前には旧情報、後に新情報が来るのです。**
　次の文はどうでしょう。

　質問　「誰が走っているの？」 ➡ 答え　「イチローが走っています」

　こちらは、誰かが走っているのが見えているのに、それが誰なのかわからないケースです。「誰が」に対する答え（イチロー）が新情報です。**「が」の前に新情報が来て、後に旧情報が来ます。**まとめると、次のようになります。

| 新情報 | が | 旧情報 | / | 旧情報 | は | 新情報 |

57 主語を示す「は」と「が」の使い分け②

主 語

原文
台風は近づき飛行機はストップしたので、肝心の講演者は会に欠席した。

⬇

改善例
台風が近づき飛行機がストップしたので、肝心の講演者が会に欠席した。

🌈 従属節(〜したので)の主語には「が」をつける

　見たり聞いたりしたままの事実を素直に表現するとき、主語には「が」をつけます。原文にある「は」は、話す題目(主題)を示す「は」で、このままだと「台風」「飛行機」「講演者」という三つの名詞が次々と題目にされてしまいます。台風の話をするのかと思ったら、飛行機の話に移り、さらに講演者の話に移るので、読み手に違和感を覚えさせます。

　また、「〜したので、〜した」という文では、前半(〜したので)が従属節、後半(〜した)が主節となります。**主節の中に従属節が入っている関係です。**

> 従属節（〜が〜したので、）　主節（〜した）

　ふつう、**従属節の中では主語につく助詞は「が」です。**ほかの従属節も同様です。

- 戦争が終わった時、父は外地にいた。
- 夏が来ると、ビールが売れる。
- 交流が進めば、理解がいっそう深まるだろう。

　主節の「肝心の講演者」につける助詞は「は」でも「が」でもよさそうですが、**事実を素直に述べるなら「が」です**。「は」にはその名詞を取り立てて強める働きもありますが、この「講演者」には「肝心の」と強調語がついているので、その点からも「が」がよさそうです。

　従属節の中に「は」を用いているケースがけっこうあります。「は」「が」のどちらを使うべきか迷ったときは、"従属節の中は「が」"を思い出してください。

第3章　語法を意識しよう

> **POINT**
>
> ### 「は」の及ぶ範囲は「が」よりも広い
>
> 　「ゾウは鼻が長い」という文の主語ははたしてゾウか鼻か、と専門家の間で長いこと議論されました。結局、主語は鼻で、ゾウは主題であるとの見方に落ち着きました。
> 　「は」は主題、つまりテーマを表します。「彼は〜」と始めれば、彼の話をこれからしますと宣言しています。
> 　「が」の支配力が従属節の中だけなのに対し、「は」は節や文を超えて及びます。大風呂敷（おおぶろしき）で全部くるんでしまう感じです。

主語　よくある

58 主部と述部「〜したのは〜からだ」

原文
A市で町おこしが成功したのは、住民にやる気があったのだ。

⬇

改善例
A市で町おこしが成功したのは、住民にやる気があったからだ。

🌈 パターンを知って主述のねじれを克服

文の前半（主部）と後半（述部）が対応していない文をよく見ます。

原文は、前半の「〜したのは」を「〜のだ」で受けています。**正しい受けは「〜からだ」です**。理由説明文なのでこうなります。「なぜなら」をつけた文も同じです。

● 私は彼の申し出を断った。なぜなら、彼の態度が気に入らなかったからだ。

🌙「〜は、〜にある」のパターン

前半の「〜」には秘密、カギ、キー、コツ、秘訣（ひけつ）、極意などが入ります。

原文　売り上げ急増の秘密は、ヒット商品の新発売であった。
改善例　売り上げ急増の秘密は、ヒット商品の新発売にあった。

◐「〜は、〜ことだ」のパターン

前半の「〜」には夢、希望、計画、念願など将来の願望が入ります。

原文 私の夢は、世界一周旅行をしたい。

改善例 私の夢は、世界一周旅行をすることだ。

◐「〜することは、〜ことだ」「〜するのは、〜ことだ」のパターン

原文 一人で暮らすとは、大変なことだ。

改善例① 一人で暮らすことは、大変なことだ。

改善例② 一人で暮らすのは、大変なことだ。

◐「〜には、〜がある」のパターン

原文 その地方では、伝統的な名産品がある。

改善例 その地方には、伝統的な名産品がある。

また、名詞と動詞の相性が悪いケースがあります。

原文 ヨーロッパ旅行ができて、子どもの頃からの夢が実った。

改善例 ヨーロッパ旅行ができて、子どもの頃からの夢がかなった。

夢は「実る」のではなく「かなう」ものです。名詞が「努力」なら「実る」でもおかしくありません（努力が実る）。ほかにも「目標を達成する」などがあります。

助詞
59 行く先を示す「へ」「に」「まで」

原文
その事件が会社倒産までの引き金になった。

⬇

改善例
その事件が会社倒産への引き金になった。

🌈 「へ」は方向、「に」は目的地、「まで」は過程

　「へ」と「に」は移動先を示す助詞です。**「へ」は移動の方向**を表し、**「に」は移動先（帰着点、目的地点）**を表します。**「まで」は移動のプロセスに重き**を置きます。

　原文の述語は「引き金になった」です。「その事件」が「会社倒産」のきっかけになったと言うのです。その事件が会社倒産へ向かうわけです。であれば、方向を示す「へ」を用いるべきです。

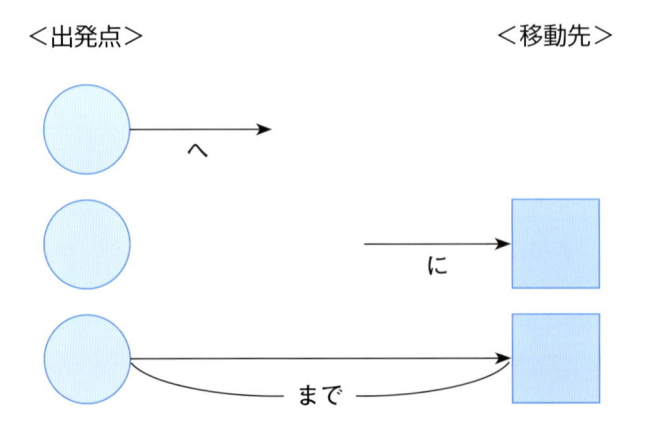

```
<出発点>                    <移動先>

   ○ ─────→
        へ

   ○ ──────────→  □
              に

   ○ ⌒⌒⌒⌒⌒⌒⌒→  □
           まで
```

「へ」と「に」の使い分けを、次の例文で見ます。

● 指先を人の顔へ向けてはいけない。　（向ける立場からの発言）
● 指先を私の顔に向けないでください。（向けられる立場からの発言）

> **原　文** 当日は現地へ集まります。（集まる場所が焦点なのに、方向に重き）
> **改善例** 当日は現地に集まります。（集まる場所＝帰着点に重き）

「まで」と「へ」「に」の違いを、次の例文で見ます。

● ピアノを６階へ上げるのは大変だ。（下から見上げている）
● ピアノを６階に上げるのに大変だった。（６階にいて話している）
● ピアノを６階まで上げるのに大変だった。（途中の苦労を話している）

　刑事に追われている犯人が吐いたセリフだと思って、次の例文を見てください。
● ここまで来れば、大丈夫。
　　　　　　　　（追跡を苦労して振り切り、もう安心という感じ）
● ここに来れば、大丈夫。（絶好の隠れ場に着いた感じ）
● あそこへ行けば、大丈夫。（これから向かうとき）
● あそこに行けば、大丈夫。（着いたときのことをイメージ）

　どうでしょう。なかなか深いものがありますね。うまく使い分ければこんなにも多様なニュアンスが表現できるのです。

助詞

60 「で」と「に」を使い分ける

原文
運動会の朝、すでに各チームの旗が校庭で並んでいる。

⬇

改善例
運動会の朝、すでに各チームの旗が校庭に並んでいる。

🌈 人の意志による行為には「で」、物の在りようには「に」

「で」と「に」はどちらも場所を表す助詞です。「で」は動作性の強い文、「に」は状態性の強い文に使います。と言っても、まだピンとこないでしょう。

動作はだいたいが人間の意志によってなされます。「パーティーを開く」「食事をする」「座禅を組む」「本を買う」といった行為などです。

このような文に場所を加えて表現するときには、すべて「で」を用います。次のようになります。

- ホテルでパーティーを開く。
- レストランで食事をする。
- お寺で座禅を組む。
- 書店で本を買う。

他方、状態は人間よりも物品に関係することが多いです。例文の主語は各チームの旗（＝物品）です。物が校庭に並んでいるので、「に」を使い

ます。もし、「生徒たち」が主語だったら「生徒たちが校庭で並んでいる」となります。並ぶ行為に重点が置かれるからです。

人間の意志による行為（動作）　➡で
物の在りよう（状態）　➡に

このような区別のある「で」と「に」ですが、どちらも使える文があります。ただしその場合には文の意味が異なります。

● 逃げた犬は、物陰でじっとしていた。
● 逃げた犬は、物陰にじっとしていた。

上の文の犬はよっぽど頭のいい犬ですね。**「で」は自分の意志による行為に用いる**ので、犬自らがじっとしていたことになります。意図的に物陰に潜んでいたわけです。

下はふつうの犬ですね。**「に」は状態性が強く、場所に重点がある**ので、たんに物陰にいたという話になります。

> **POINT**
>
> ### ほかにもある「で」と「に」の使い方
>
> もう一つ、「で」「に」の両方を使える文を紹介します。ただし、この「に」は前項で解説した「移動の帰着点」を表すものです。
>
> ● 時計を電車の中で落とした。
> ● 時計を電車の中に落とした。
>
> 上の文は車内での行為であり、下の文は車外から車内へ向けた行為です。前者は落とし物、後者は意図的に落とし入れたという感じですね。

61 助詞 「〜がしたい」「〜ができる」

よくある

原文
「映画を見たい」と言うグループと、「食事をしたい」と言うグループに分かれ、動きをとれなくなった。

⬇

改善例
「映画が見たい」と言うグループと、「食事がしたい」と言うグループに分かれ、動きがとれなくなった。

🌈 「が」は意思や希望、可能、感情を表すときに使う

「映画」「食事」「動き」はそれぞれ、「見たい」「したい」「とれなくなった」という動詞の目的語なので、助詞は「を」だと思うでしょう。
しかし、**以下の特別な場合には、「が」が目的格の助詞となります。**

🌙 「〜たい」で意思や希望を表す場合

改善例の「映画が見たい」「食事がしたい」がこれに該当します。「〜がほしい」と願望を表す場合も「が」です。
ただし、「たい」「ほしい」の後に「〜と思う」「〜と希望する」など別の動詞が加わると「を」になります。

- 本場のビールを飲みたいと思って、ドイツまで行ってきた。
- 外国の友人が京都を見物したいと希望しています。

「～できる」や「～れる・られる」で可能や能力を表す場合

例文の「動き**が**とれなくなった」がこれに該当します。「とれなくなった」と否定形にしていますが、本体は「とれる」という可能を表す動詞です。以下の文もこれに当たります。

- ピアノが上手に弾ける。
- 片手で重い荷物が持ち上げられる。

好悪の感情を表す場合

「好き」「きらい」「うれしい」「悲しい」「いとおしい」「うらやましい」などは「が」を伴います。

- おすしが大好きです。
- あの人の意地悪なところがきらいです。
- 彼の活躍ぶりがうらやましい。

POINT 気持ちや感情をストレートに示すときは「が」

以上の例文をざっと眺めると、「が」を用いるのはいずれも気持ちや感情をストレートに表現するときと気づきます。客観性をもたせるときは、「を」を用いた表現にするようです。たとえば、同じ愛情表現でも、次の二通りの言い方ではだいぶ感じが違いますね。

- あなたが好きです。
- あなたを愛しています。

助詞
62 対比を表す「は」の使い方

原文 雨が降っていますが、雪が降っていません。

⬇

改善例 雨は降っていますが、雪は降っていません。

🌈 後の文を省略して含みを残すことも

　助詞「は」の重要な働きに対比があります。**「Aは〜、Bは〜」と並べ、二つの事柄を対比して述べます。**

　原文は「が」を用いているので、「は」に直しました。**対比する二つは同等のものを並べ**、その対照的な状態や性質について比べます。上の例では「雨」と「雪」を並べ、「降っています」と「降っていません」という反対の事実を述べています。こんな対比は、「頭はよいが、性格は悪い」「姉は穏やかだが、妹は激しい」など、日常的によく使います。

　ところが、下の例文のように対比しているようで、実は正しい対比になっていない文もあります。

原文 雨は降っていたが、傘は持って行かなかった。

改善例 雨が降ってはいたが、傘を持っては行かなかった。

比べるものは「は」の前に置かれるので、原文では「雨」と「傘」です。でも「雨」と「傘」は本来、比較できないもの同士なので、この対比には違和感があります。

　これを正すには、改善例のように「雨が降っていた」ことと「傘を持って行かなかった」ことという、丸ごとの事実を対比すればよいです。

対比の用法で後半の文を省略すると、言外に含みを残す表現になります。

- 私は知りませんよ。（＝私は知らないが、私に近い○○は知っている）
- 日本酒は飲みません。（＝他のアルコールは飲む）
- 外国では和食を食べませんでした。（＝日本では食べている）

　前半のみを語ることでセットになっている後半が意識されます。しかし、それは言葉として出されないので、含みをもつ表現になるのです。この用法を意識して用いることで、面白い味が出せるはずです。

POINT 「は」による対比できわだたせるのは同等なもの同士の対照的な事実

　「は」は何かを取り立てて言う係助詞で、「雨は～」「私は～」など主語にもつくし、「日本酒は～」と目的語にもつくし、「外国では～」と場所を表す言葉にもつきます。述語に関係し合うさまざまな言葉についてそれを強めます。次のような文も可能です。

- **私の妻は、昔は、海外では、生水は、けっして飲まなかった。**

　さて、この四つの「は」それぞれの裏側に隠れている"相棒"は何でしょう。「妻以外の人は」「今は」「国内では」「生水以外は」が想像できます。いずれも「飲んだ」「飲む」という肯定につながります。

63 「れる」「られる」を使い分ける

助動詞　　　　　　　　　　　　　　　　　　　　　**よくある**

> **原文**
> 彼が急に来れなくなったことが、私には信じれなかった。
>
> ⬇
>
> **改善例**
> 彼が急に来られなくなったことが、私には信じられなかった。

🌈 5段動詞は「れる」、上1段・下1段動詞は「られる」

「ら抜き言葉」としてよく話題になる、助動詞「れる」と「られる」の使い分けには、実に単純明快な原則があります。動詞を大きく3グループに分け、①**5段活用動詞には「れる」**、②**上1段・下1段活用動詞には「られる」**、③**カ行変格活用〈カ変〉動詞には「られる」、サ行変格活用〈サ変〉動詞には「れる」「られる」**※をつける、というのがそれです。

例文の「来る」はカ変動詞なので、「られる」がつきます。「信じる」は上1段動詞なのでやはり「られる」です。かんたんですね。

でも、まだ面倒なことが残っています。動詞の種類をどう判別するかです。大半の人は上1段とか下1段と言われても、何のことかすっかり忘れていますね。

上1・下1とは、「あいうえお」の真ん中「う」段から上に1段、下に1段ということで、つまり上1段は「い」、下1段は「え」に関係します。何が関係するかといえば、**動詞語幹・活用語尾の"シッポ"**です。

あ……5段
い……上1段
う　(中心)
え……下1段
お

上1段活用動詞「見る」、下1段活用動詞「寝る」を例に説明します。

まず、未然形に否定の「ない」をつけて否定形を作ります。「見**ない**」と「寝**ない**」です。

次に「ない」を取り去ります。「見」と「寝」が残ります。これが語幹・活用語尾です。それを長く発音すれば「み～(い)」「ね～(え)」となって「い」音と「え」音が出てきます。**「い」音なら上1段、「え」音なら下1段活用動詞**です。

5段活用動詞の見分け方も同じです。「呼ぶ」を例にとると、否定形は「呼ばない」。「ない」を取ると「呼ば」。シッポの「ば」を伸ばして発音すると、「ば～(あ)」となり、「あ」音が出てきます。**「あ」音が出れば5段活用**です。

カ変動詞は「来る」の1語、サ変動詞は「する」が代表です。

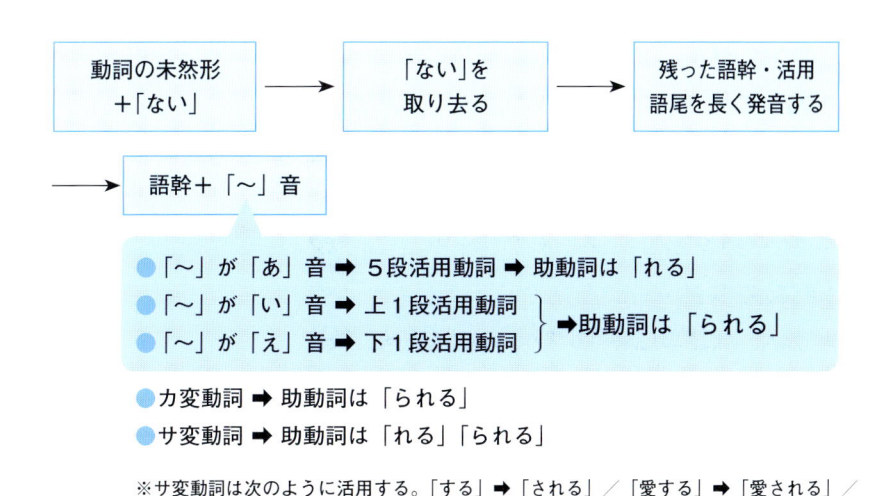

```
┌──────────────┐     ┌──────────┐     ┌──────────────┐
│動詞の未然形  │ →   │「ない」を│ →   │残った語幹・活用│
│　＋「ない」  │     │取り去る  │     │語尾を長く発音する│
└──────────────┘     └──────────┘     └──────────────┘

     →    ┌──────────────┐
          │語幹＋「～」音│
          └──────┬───────┘
                 │
```

- 「～」が「あ」音 ➡ 5段活用動詞 ➡ 助動詞は「れる」
- 「～」が「い」音 ➡ 上1段活用動詞 ｝➡助動詞は「られる」
- 「～」が「え」音 ➡ 下1段活用動詞

- カ変動詞 ➡ 助動詞は「られる」
- サ変動詞 ➡ 助動詞は「れる」「られる」

※サ変動詞は次のように活用する。「する」➡「される」／「愛する」➡「愛される」／「達する」➡「達せられる」／「案ずる」➡「案じられる・案ぜられる」

助動詞

64 「せる」「させる」を使い分ける

原文
その講座ではまず、体験者の話を聞かさせる。それから自由に討論させて、いろいろな見方があることに気づかさせる。

⬇

改善例
その講座ではまず、体験者の話を聞かせる。それから自由に討論させて、いろいろな見方があることに気づかせる。

5段活用動詞には「せる」を使う

「さ入れ言葉」が最近、耳につくようになりました。使役（～させる）の意味を出したいときに、「さ」を入れなくてもよい所に「さ」を入れてしまうのが「さ入れ言葉」です。原文の網掛け部分のうち、「聞か**させる**」「気づか**させる**」がそれです。

「聞かさせる」は、「聞く＋させる」を合成しています。しかし、「聞く」は**5段活用動詞なので、使える助動詞は「させる」ではなく、「せる」です**。「聞く＋せる」＝「聞かせる」となります。「気づかさせる」も「気づく＋させる」を合わせています。「気づく」も5段活用動詞なので、正しくは「気づく＋せる」＝「気づかせる」となります。

5段活用動詞につける使役の助動詞には、「せる」のほかにもう一つあります。**「す」です**。これをつければ「聞か**す**」「気づか**す**」となります。

5段活用以外の動詞には「させる」を使う

「討論させて」は元の動詞が「(討論)する」（サ変動詞）なので、使役の場合は「させる」に変化します。結局、**5段活用以外の動詞であれば、「さ入れ」が正しい形になります**。次の例文で確かめておきましょう。

- コートを着させる。……「着る(上1段活用動詞)」+「させる」
- 子どもを寝させる。……「寝る(下1段活用動詞)」+「させる」
- こちらへ来させる。……「来る(カ変活用動詞)」+「させる」
- 犬に運動させる。……「(運動)する(サ変活用動詞)」➡「させる」

▶ 5段活用動詞……… 聞く ＋ せる／す ＝ 聞かせる／聞かす

▶ 5段活用動詞以外… 食べる ＋ させる ＝ 食べさせる

「せる」「す」「させる」のいずれの助動詞を用いるかは、動詞次第です。であれば、動詞の種類、特に5段活用か否かの見分けが大事になってきます。前項（144ページ）を参照してください。

65 セットで覚える副詞と文末

副詞 / **よくある**

原文
その風景は未だに昔のままだ。全然すばらしい。

⬇

改善例
その風景は未だに昔と変わっていない。とてもすばらしい。

🌈 「未だに〜ない」「おそらく〜だろう」などセットで覚える

　原文は、副詞の「未だに」を肯定形の「昔のままだ」で受けています。**「未だに」は否定で受けるのが原則です**。改善例では「（昔の）まま」と同じ意味にするため「（昔と）変わって＋**いない**」という工夫をしています。

　最近、この用法が乱れています。『新明解国語辞典』によれば、「（未だに）『今だに』とも書く」とあります。たしかに「今だに」と表記する例も見かけます。これが勘違いを増幅させているようです。
　「未だに」の「未」は未然の未です。未然とはまだ**そうならない**こと／まだ**起こらない**ことです。**「未」だから否定呼応がはっきりするのです**。
　「今」を使うとそのニュアンスが消えてしまい、「今だに〜肯定」という誤用が蔓延（まんえん）したのでしょう。そこからさらに「未だに〜肯定」へと拡大したのかもしれません。「今」を使って肯定表現するなら、「今でも」「今なお」を用いるべきでしょう。

第2文の**「全然」も本来は否定を伴う副詞**なのに、最近は肯定表現が目立ちます。これも『新明解国語辞典』には「俗に否定表現を伴わず、『非常に』の意にも用いられる」とあります。会話ならまだしも、文章で用いると素養を疑われるおそれもあります。改善例では「すばらしい」を活かし、「全然」を「とても」に変えました。

　副詞と文末の呼応はいろいろありますが、大別して以下の3グループに分けられます。

否　定 （「ない」を伴うもの）	未だに、全然、必ずしも、いっさい、今さら、何も、たいして、いっこうに、とうてい
推　量 （「だろう」などを伴うもの）	たぶん、おそらく、きっと、必ずや
否定の推量 （「まい」「ないだろう」などを伴うもの）	まさか、よもや

POINT

疑問文は　文末に「〜か」

　上記の3グループのほかに、「誰・何・どこ・いつ・なぜ・いかに〜か」という疑問の対応もあります。これは英語で言う5W1Hの六つの疑問詞に相当する代名詞や副詞と助詞「か」との対応です。取り立てて説明するまでもなく、疑問文を作るときに文末の「か」を忘れる人はいないでしょう。上記の副詞グループの場合は、もともとその対応を知らない人もいる上、使い方が乱れてきているものもあります。セットになっているものは、まずは覚えるしかありません。

述語・述部

66 セットで覚える名詞と動詞

原文
自由時間は、将棋や碁をする者、麻雀をする者などがおり、思い思いに楽しんだ。

↓

改善例
自由時間は、将棋を指す者や碁を打つ者、雀卓を囲む者などがおり、思い思いに楽しんだ。

特定の名詞には、特定の動詞がある

　原文では、将棋も碁も麻雀もすべて「する」を使っています。

　日本語には名詞と動詞がセットになった表現があります。**この組み合わせを上手に使えば豊かな表現が可能になりますが、誤れば常識を疑われもします。**

　改善例にあるように将棋は「指す」、碁は「打つ」です。麻雀は「する」でもよいでしょうが、ちょっとひねれば「雀卓を囲む」という表現もあります。

　こうしたセット表現は覚えるしかありません。本を読み、知らない表現に出合ったら、こまめに辞書で確認しましょう。

　その際、なぜこんなセットになっているのかを考えてみるのも大事です。いずれも実に適切な動詞を巧みに選んでいることがわかります。上の例の将棋と碁は指の動きを表しているし、麻雀は４人でテーブルを囲んで遊ぶ様子をうまく表現しています。

🌈 名詞・動詞のセットで、表現はいっそう豊かになる

　セット表現には、**特定の名詞にかかわる動作や様子を実に的確に表しているものが多いのです**。「枝がたわむ（押されて曲がる）」「牛が草を食む（口にくわえる）」「風が薫る（よいにおいがただよう）」「山が雪をいただく（頭にのせる）」などは、細かな観察やそれにもとづく巧みな描写があってこその表現です。**単純な表現にはない独特の雰囲気も感じられます。**

　また「本を繙く（本を開くこと：紐解く＝和本の紐を解くことに由来）」「烙印を押す（汚名を着せる：刑罰として罪人の額などに印を押したことに由来）」などのように、昔の生活や習慣に由来するものもあります。こちらには、時代がかったムードがただよいます。

POINT
名詞・動詞のセットには比喩的なものもある

　セット表現と区別しにくいものに、比喩表現があります。たとえば「目」という名詞には「目を皿にする」（大きく目を見開く）、「目を三角にする」（こわい目つきをする）、「目を白黒させる」（驚いて慌てる）、「目をつぶる」（見のがす）などきりがないほどのセット表現があります。

　これらは名詞と動詞を組み合わせることで、新たな比喩的な意味を作り出しているのに対し、上で紹介したセット表現は名詞本来の意味をそのまま残しており、比喩ではありません。こんな違いはありますが、どちらも慣用表現なので覚えるしかありません。

この名詞には、この動詞

娯楽
- 将棋を指す
- 碁を打つ
- 雀卓を囲む
- ギターを爪弾く
- トランプ（カード）を切る
- サイコロ・サイを転がす／を投げる

文化
- 一句ひねる
- 歌を詠む
- 辞書を引く／に当たる
- 書を繙く
- 筆を断つ
- 手紙を認める
- ページを繰る

行為
- 忙しさにかまける
- 憂き身をやつす
- 汚名を着せられる／をすすぐ
- 重荷を背負う
- 国を統べる
- 権力にへつらう
- 私情をはさむ
- 些事にかかずらう／にこだわる
- 借金に喘ぐ
- 弱点を突く
- スタートを切る
- 節を枉げる／を屈する
- 先方へ赴く
- 大枚をはたく
- ダメを出す
- 罪を贖う
- 手をこまねく
- 流れに棹差す／に逆らう／にまかせる
- 万全を期する
- 人目を憚る／を忍ぶ
- 末席を汚す／に連なる
- 身を委ねる／をまかせる
- 命を下す
- 盲点を衝く
- 弱みにつけこむ／を握る

対人関係❶
- 恋に落ちる／に溺れる
- 世話を焼く
- 他人をくさす
- 約束を違える／を反故にする
- 詫びを入れる

心情
- 思いを馳せる／を募らせる
- 肝をつぶす／を冷やす
- 気を揉む／が滅入る
- 胸がはずむ／が痛む
- 弱音を吐く

比喩表現（たとえば「お茶を濁す＝いい加減なことを言ったりして、その場をごまかす」など）ではなく、本来の意味が転じていないものを載せています。

対人関係❷
- 相槌を打つ／を求める
- 異議をはさむ
- 核心に迫る／を衝く／をなす
- 軽口を叩く
- 議論をふっかける
- 口をはさむ／を突っ込む
- 甲乙をつける ● 物議を醸す
- 耳を傾ける／を澄ます
- 論議を呼ぶ

ゆとり
- 景色を愛でる ● 新年を寿ぐ
- 贅を尽くす ● 暇に飽かす
- 名勝を訪ねる／に富む

自然・動植物
- 枝がたわむ／が撓る
- 風が薫る／がそよぐ／が凪ぐ
- 霧が降る／が立ち込める
- 草を食む ● 空気が澱む
- 蕾がふくらむ／がほころぶ
- 時が移ろう ● 波が立つ
- 星が煌く ● 雪をいただく

動作
- 孔（穴）をうがつ
- 網を打つ ● 釣り糸を垂れる
- 時間を割く／を作る
- 惰眠をむさぼる
- 荷を担う／を担ぐ
- 用を足す ● 夜を徹する

生活関連
- 燗をつける ● ご飯をよそう／を盛る
- 魚を締める／鶏を絞める
- 三枚におろす
- すしをつまむ／をにぎる
- たばこをのむ／をくゆらす
- 茶を淹れる／を点てる／を沸かす
- 火を熾す ● 香を焚く／を嗅ぐ
- 花を生ける ● 衣を纏う
- 裾をさばく ● 縄をなう
- のこぎりを引く
- 汗がしたたる／をかく
- 頭を刈る ● 髪を結う／を梳く
- 咳をしずめる／をする
- 痰を切る／を吐く
- 血がほとばしる ● 鼻をかむ
- ひげを当たる／を剃る
- ひざがわらう

述語・述部 よくある

67 特定の名詞には、特定の数え方

原文
彼と私は入社年が 3 個違うけど、年齢は 1 個しか違わない。

↓

改善例
彼と私は入社が 3 年違うけど、年齢は 1 歳しか違わない。

何でも「1個、2個……」と数えない

　最近は年齢や学年を数えるにも、「個」で済ませてしまう人が多いようです。これでは芸がないし、いささか情緒にも欠けます。「個」や「つ」は便利な助数詞で使える範囲も広いのですが、**より適切なものを使えば、それだけ表現が引き締まり、味わいも深まります。**

　入社はふつう「～年違う」と言います。年が期と一致しているなら「3期違う」でもかまいません。歳は「一つ」か「1歳」が適切です。

　日本語には、物固有の伝統的数え方がたくさんあります。とにかく覚えるのが基本ですが、**形状などにより共通する数え方があります。**以下は代表的なものです。

- 長いものは「本」……木、棒、杖(つえ)、串(くし)など
- 平たいものは「面」……テニスコート、土地、琴など

- 薄いものは「枚」「葉」「片」……紙(枚)、写真(葉)、雲(片)
- どこかに据えられたものは「基」……墓、灯台、原発
- 対になっているものは「組」「双」……カップル(組)、屏風(双)
- 足があるものは「脚」……椅子、机など
- 接待用の道具、器物は「客」……吸い物椀、紅茶カップなど
- 箸は2本で「一膳」
- 手紙、葉書、書類などは「通」
- 詩歌や戯曲、小説などは「篇」「編」／連歌や俳句、川柳は「句」／和歌は「首」
- 三味線は「挺」「丁」「棹」／旗や羊羹、たんすは「棹」／数珠は「連」
- 車や機械は「台」／電車は「両」／飛行機や気球は「機」
- 小さい動物は「匹」／大きい動物は「頭」／鳥は「羽」／魚は「匹」「尾」

まだまだあります。次のページに主なものをまとめてあります。

POINT 訓読みと音読みがある「人」と「数」の数え方

　数え方がちょっと独特なのが、人間です。他の物は助数詞が決まれば、数がいくつであろうが、数字にただ助数詞をつければ済みます。一方、人間は二人までと3人以上で数え方が変わります。和語で「ひとり、ふたり」(訓読み)と始めても、その先は「3人、4人、5人……」と中国語式(音読み)に切り替わるのです。

　数そのものの数え方も、「ひとつ、ふたつ、みっつ、よっつ……」という和語は「とお」(10)までで、11以上は「じゅういち」「じゅうに」と中国語式に切り替わります。

この名詞は、この数え方

衣類
- 洋服 ➡ 「着」「枚」
- スーツ ➡ 「組」「揃(そろ)い」
- オーバー ➡ 「着」
- エプロン ➡ 「枚」「掛け」
- 着物 ➡ 「枚」
- 帯 ➡ 「本」「枚」「筋」
- 羽織 ➡ 「枚」
- 袴(はかま) ➡ 「枚」「具」
- 靴・靴下・下駄(げた)・足袋(たび) ➡ 「足」
- ネクタイ ➡ 「本」
- 手袋 ➡ 「双」「組」

食事
- 食事 ➡ 「膳」「食」
- とっくり酒・瓶ビール ➡ 「本」
- 酒席 ➡ 「席」
- うどん ➡ 「玉」「丁」
- ざるそば ➡ 「枚」
- 豆腐 ➡ 「丁」
- 海苔(のり) ➡ 「枚」「帖(じょう)」
- 茶 ➡ 「服」
- 茶器 ➡ 「席」「組」
- 折り詰め ➡ 「折」
- 重箱 ➡ 「重」「組」

住居
- 家 ➡ 「戸」「軒」「棟」
- マンション ➡ 「棟」「戸」
- アパート ➡ 「軒」「棟」
- 畳 ➡ 「枚」「畳」
- 建具 ➡ 「本」「枚」「面」
- ふすま ➡ 「枚」
- 屏風 ➡ 「帖」「双」
- 額 ➡ 「面」「架」
- 敷物 ➡ 「枚」
- のれん ➡ 「枚」「張」
- すだれ ➡ 「枚」
- たんす・長持ち ➡ 「棹」
- 掛け軸 ➡ 「幅」「軸」「対」
- 巻物 ➡ 「軸」「巻」
- 灯篭(とうろう) ➡ 「基」
- 提灯(ちょうちん) ➡ 「挺」「丁」「張」「本」
- 電灯 ➡ 「本」「灯」
- 鏡 ➡ 「面」
- 桶(おけ) ➡ 「本」
- ふとん ➡ 「枚」「組」「重」「揃」
- ベッド ➡ 「台」
- 枕 ➡ 「基」「個」

道具類

- うちわ・扇子➡「本」
- 櫛➡「枚」「本」
- 傘➡「本」
- そろばん➡「台」「挺」
- ピアノ➡「台」
- バイオリン➡「挺」「丁」
- 琴➡「面」
- 琵琶➡「面」
- 三味線➡「棹」「挺」
- 笛・トランペット➡「本」
- 太鼓➡「面」
- アイロン➡「台」
- 電話➡「台」

- 盆➡「枚」
- 硯➡「石」
- 墨➡「本」「挺」「丁」
- 筆➡「本」「管」「茎」
- はさみ・のこぎり➡「本」「挺」「丁」
- 包丁➡「本」「挺」「丁」
- まな板➡「枚」
- 鎌➡「本」「挺」
- 斧➡「挺」「丁」
- 槍・矢➡「本」「筋」「条」
- 弓➡「張」
- 鎧・兜➡「具」
- 鉄砲➡「挺」

神仏

- 遺骨・遺体➡「体」
- 位牌➡「柱」
- 棺・墓➡「基」
- 数珠➡「巻」「本」「連」
- 寺➡「軒」「寺」「宇」
- 神社➡「社」
- 石塔・塔婆・鳥居➡「基」
- 仏像➡「躯」「体」「尊」「基」

その他

- 映画➡「本」「巻」
- 演芸➡「席」
- 出し物・番組➡「本」
- 碁・将棋の勝負➡「局」「番」
- 相撲➡「番」
- 野球➡「戦」
- 将棋の駒➡「枚」
- 碁石➡「子」「目」
- 麻雀パイ➡「枚」
- 花➡「本」「輪」
- 木➡「本」「株」

問題箇所はわかっても、理屈がわからない

　最近は文章講座の受講生に、中年男女の会社員が目立ちます。「部下の文章を直す機会が増え、問題箇所はわかってもその理由をうまく説明できないので」というのが、その人たちの受講動機です。

　仕事で使う文章は、小中学校で学ぶ作文のそれとは毛色が異なります。論理や客観性を重視し、データや資料の処理もうまくこなさなくてはなりません。こうした文章の書き方は、大学までの教育で大半の人が学んでいません。ところが、仕事ではそつなくこなすよう求められ、慌てて自己流の勉強で間に合わせようとします。

　経験を重ね、自分では何とかこなせるようになっても、いざ部下の文章をチェックする段階になると、再び高いハードルに直面します。理屈がわからないのです。これが冒頭で紹介した受講生たちです。その人たちに私は、できるだけ理詰めで説明するよう心がけています。入門者向けのこの本では**文法的説明を極力避けましたが、文法も含め、いわば定理や公式に当たる根本原理を理解すれば、応用が利きます**。

　巷にあふれる「ハウツー本」にはこの原理説明がありません。現実的対処法ばかりをいくらマスターしても、人に教える立場に立つと困ること必至です。文章作法は奥が深いのです。

第4章

組み立てのノウハウを知ろう

文章の組み立て

ステップ4

68 文章の組み立て　必要な材料を集める　　重要

☆ 書く内容・そのために必要なものを把握する

　実用文は多くの場合、テーマが決まっています。会社や学校のレポート、事前提出の課題論文、社内報や雑誌への寄稿など、いずれもあるテーマが設定されていることでしょう。自由題によるエッセイなど、自らテーマを探すケースを除外してお話しします。

　テーマが決まっているとき、最初にすべきは「材料集め」です。**そのテーマのより具体的な何について、どんなことを書くのか、そのために必要な材料は何なのか**、それらをつかむことから始めましょう。

　この作業は、料理を作る際の食材の買い出しによく似ています。料理は、完成イメージを心に描きながら、どんな食材が必要かを点検します。必要なのに手元にない材料があれば、その買い出しにかかりますね。

☆ 材料は多ければ多いほどよい

　文章であれば、「材料」は自らの体験、伝聞、本や資料で知ったこと、調査結果、人の談話などが該当します。**テーマの具体的論点**（右ページのPOINT参照）**に絞って**、それを展開するのにどんな材料が必要か、手元にあるものは何か、足りないものは何かを点検します。

　不足があれば「取材」で補います。その際、材料は捨てるほどたくさん集めましょう。必ず内容に活きます。

　取材は、図書館やインターネットで調べてもよいし、実地調査が必要なこともあるでしょう。インタビューが必要なら人に会いましょう。そうして**集めた材料を手元にある材料と合わせ、総点検します**。これで十分と確信できたら、次の書くステップへ移ります。

```
具体的論点の確認  →  すでに決まっているテーマの
                     より具体的論点をつかむ

材料の点検     →  何が必要か、ある程度の内容展開を考えながら、
                   手持ちの材料と不足の材料を確認

不足分を取材で補足  →  不足材料を、必要な方法で入手、
                      材料は多く集めることが大事

総材料の再点検   →  必要十分な材料がそろった、と確信できたら、
                   次のステップ（164ページ）へ
```

書くステップへ

POINT

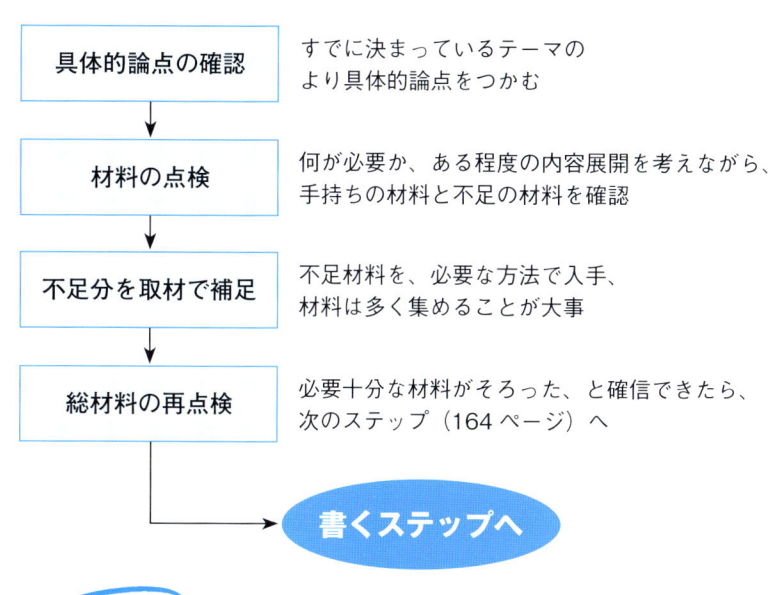

具体的論点とは

たとえば、テーマが「少子高齢化問題」とします。これはとても広い内容を含んでいるので、どこに焦点を合わせるかで書く内容が大きく変わります。「原因は何か」「このままだとどんな困った事態になるか」「対策はどうすればよいか」というように、具体的な問いが立てられます。さらに、年金財政との関係、福祉や医療との関係などで論ずることもできます。これらが「具体的論点」です。

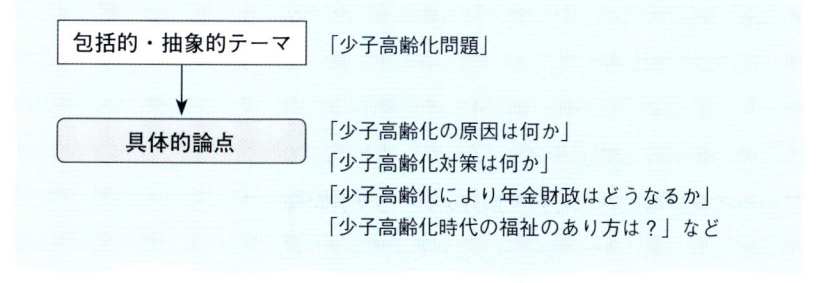

| 包括的・抽象的テーマ | 「少子高齢化問題」 |

| 具体的論点 | 「少子高齢化の原因は何か」
「少子高齢化対策は何か」
「少子高齢化により年金財政はどうなるか」
「少子高齢化時代の福祉のあり方は？」など |

第4章 組み立てのノウハウを知ろう

文章の組み立て　　　　　　　　　　　　　　　　　　重　要

69 書く前に徹底的に考える

☆ 考えることと書くことはまったく別

　文章は考えながら書くものだと勘違いしている人が、少なからずいます。手紙などはそうすることが多いし、書く作業を通して考えが深まることもあります。でも、**実用文では「書く前に徹底的に考える」のが正しい作法です**。

　文章講座の中で、「書いているうちに自分でもよくわからなくなりました」と言い訳しながら作品を出す受講生がよくいます。この迷走の最大原因は、書きながら考えたことにあります。設計図なしに家を建てるようなものです。文章もしっかりとした設計図を基に書くべきです。

　ですから、「考える」ことと「書く」ことの分離を肝に銘じてください。二つを分けることで、考察が徹底されて内容が深まり、執筆もスピードアップします。**文章作成にかけられる時間がかぎられているとしたら、その枠内で前者を最大化し、後者を最小化するよう心がけます**。

☆ 書くことよりも考えることに時間をかける

　考える対象は、具体的論点、それを論ずるに必要な材料と並べ方（構成）、論筋の通し方、結論（主張）、支える根拠など、**文章の中心を成す要素のすべてです**。同じ実力の人が、一人は40分考え、もう一人は20分しか考えなかったら、間違いなく前者のほうがよい文章を書くはずです。時間がかけられる実用文なら、なおさら「考える」時間をたっぷりとるべきです。

　考えが十分になされた後の「書く」ことは、考察内容のアウトプットにすぎません。設計図に従って文章化していくだけの作業です。だから速められるのです。

<最大化>　　分離　　<最小化>

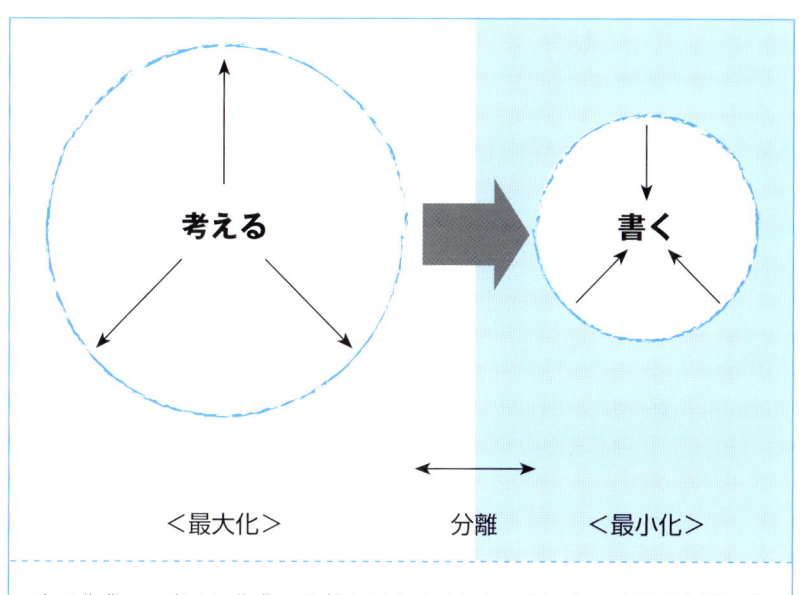

書く作業と、考える作業を分離して考えること。考える作業に極力時間を費やし、書く作業に充てる時間は少なくするように心がける。

文章の組み立て

70 話を組み立てる

☆ 頭の中の材料を出し切る（材料の棚卸し）

　書くべき材料がそろっても頭の中に入ったままだと、はたしてそれで十分なのか否かもはっきりしません。文章の組み立て（構成）を考えようにも、あいまいな部分が残ります。

　構成にとりかかる第一歩は、頭の中にある材料のすべてを外へ出すことです。つまり「主観内」にある材料や考えのすべてを「客観化」するのです（図1）。これを私なりに「材料の棚卸し」と名づけています。

　頭の中だけで考えていると、ある程度までは考えられてもその先はもやもやとしてきます。主観の範囲内に材料を置いたままにせず、客観的に点検や吟味ができる状態に移すのが、材料の棚卸しなのです。

☆ 材料の選別→筋道の作成

　具体的には、Ａ４判程度の紙を使って行います（図2）。まず、1枚の紙に**手持ちの材料をすべてリストアップ**してみます。項目名だけのかんたんなメモでよいです。とにかく全部出し切ります。

　次にすべきは、**材料の仕分け**です。論ずる話の本筋に関係するもの、脇筋のもの、不要なものなどを選別します。

　それから内容の整序にかかります。これは、整理して流れを作る作業です。ここで大事なのは、**関係のある項目同士（同類項）を集め**、段落を作れるかたまりにまでまとめ上げることです。

　それら段落相互の論理関係、後先関係などを考え、**最適の組み合わせによる最適の流れ（論の筋道）**を作ります。

[図1] 材料の棚卸し

(頭の中) 主観の範囲内の材料・考え → 主観の外へ出し客観化

[図2] 最適の流れをつくる

すべての材料を思いつくままに書き出す（かんたんなメモ程度でよい）

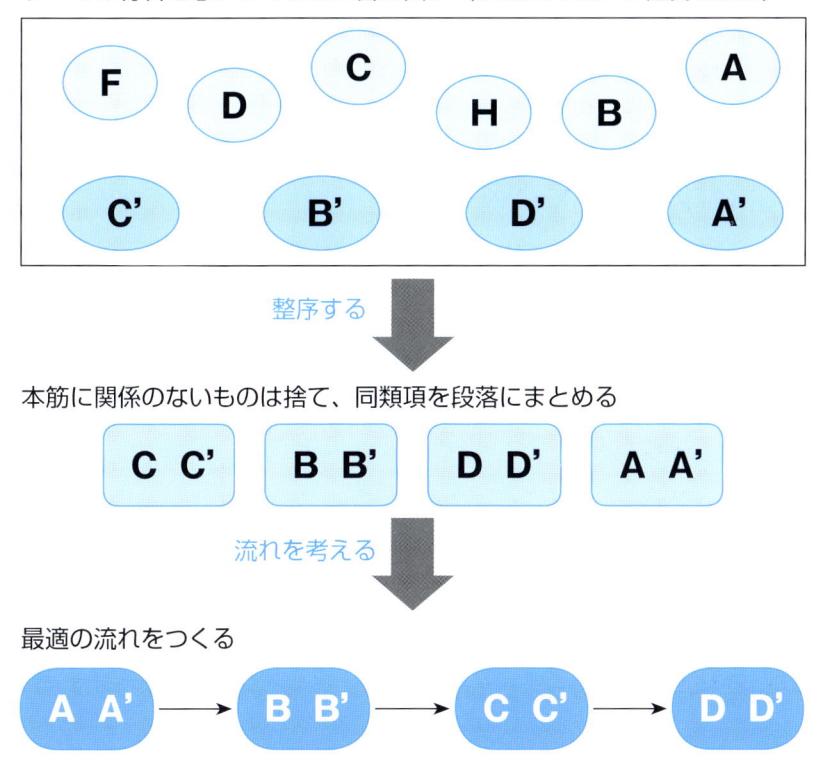

F　D　C　H　B　A
C'　B'　D'　A'

↓ 整序する

本筋に関係のないものは捨て、同類項を段落にまとめる

C C'　B B'　D D'　A A'

↓ 流れを考える

最適の流れをつくる

A A' → B B' → C C' → D D'

71 平べったい内容を立体的に

文章の組み立て

話の視点を移動させる

文章の内容がどうにも平板な感じがする、でも自分ではどう直したらよいかわからない。こんな場合には、**視点を移動させましょう**。「複眼的」に考えるのです。そうして動きを出すとともに、内容の重層化・立体化を図ります。

たとえば、医療で今、常識化されつつある考え方（概念）に「インフォームド・コンセント」があります。担当医から正しい情報を伝えられた上で、患者自身が治療法などを選択し、合意することです。医師は可能な治療法のそれぞれについて、長所・短所、要する費用と期間、予後などを知らせる義務があるとされています。

この問題について論じるとしましょう。あなたが医師だったらどう論じますか。医療のプロとして専門的な立場から意義を熱く説くでしょうか。詳しい内容になるかもしれませんが、それだけだったら独り善がりになるおそれがあります。この概念自体、患者主体の医療を目指すものです。**医師であっても、患者の立場、さらに患者家族の立場などにも目を向け、総合的に意義を明らかにすれば、とらえ方がダイナミックになります**。論述には視点の移動を伴うので、必然的に動きも出て平板さを解消します。

視点の移動方法

この考え方をビジネスの世界にまで広げ、さらには一般のサービス・契約にまで普遍化すれば、より大きな深い話になり、その過程でさまざまな気づきがあるかもしれません。視点の移動方法は次のように整理できます。

①相手のある問題なら、相手の立場にも立って考える。
②対立意見のある問題では、対立意見にも目を向ける。
③当該分野から他の分野に広げられないか、さらに一般化・普遍化ができないか考える。
④部分から全体へ、全体から部分へ視点を移動させる。
⑤現在の話でも、過去からの経緯、将来の行方を考えるなど、時間軸を移動させる。
⑥外国や隣接分野などの先行事例、類似事例、関連事項にも目を向ける。

⑤⑥を、少子高齢化問題を例に図解すると次のようになります。

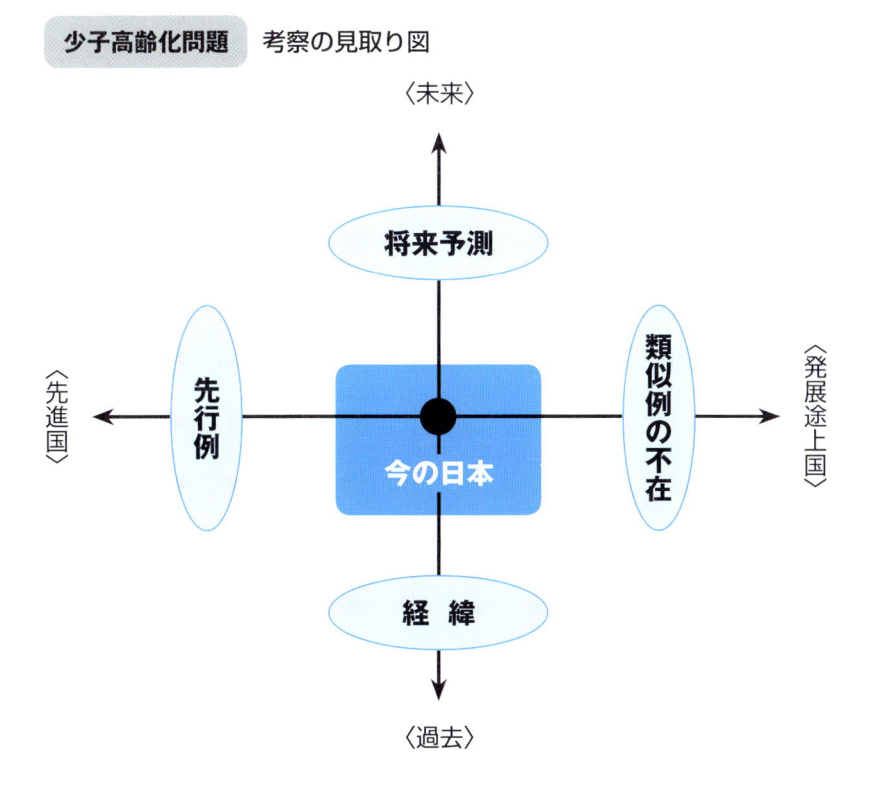

少子高齢化問題 考察の見取り図

〈未来〉
将来予測
〈先進国〉← 先行例 — 今の日本 — 類似例の不在 →〈発展途上国〉
経緯
〈過去〉

72 実用文の基本は"結論先行"

文章の組み立て　重要

大事なことから先に書く（逆三角形の文章）

　実用文※の要は、情報や主張を、読み手にいかに的確にわかりやすく伝えるかにあります。ミステリー小説のように、最後まで謎を引っ張ってはいけません。この点から、実用文の基本は「逆三角形の文章」にあると断言できます。

　逆三角形の文章は、三角形を逆立ちさせたような、頭でっかちで尻すぼみの形をしています。つまり、**大事な中身から先に書く**スタイルです。いちばん大事なものといえば、論点と主張（結論）です。

　これらを早めに出し、論筋を絞り込んで大事なことをしっかり書き込みます。**「言いたいこと」を出し惜しみせず、ずばり核心から話に入るのです。**

　結論は先に出してあるので、最後に無理して「結び」を入れて格好づける必要はありません。尻切れトンボでよいのです。

いちばん大事なものは何か

　これは新聞や雑誌の記事、つまりジャーナリズムの文章の基本になっています。さらに新聞投書から評論、各種の実用文にも使われています。この基本作法を理解しておくと、書き出しに悩まずに済みます。いちばん大事なものは何なのかを考え、それを導入から前半部に盛り込むようにすればよいのですから。

　何についてどう論ずるのか（論点と論の方向づけ）、考えた結論は何か（主張）、その結論を導いた根拠は何か──をまずはしっかりつかんでください。魅力的な出だしをどうするかは、その次に考えることです。

逆三角形の文章とは

＜頭でっかち＞

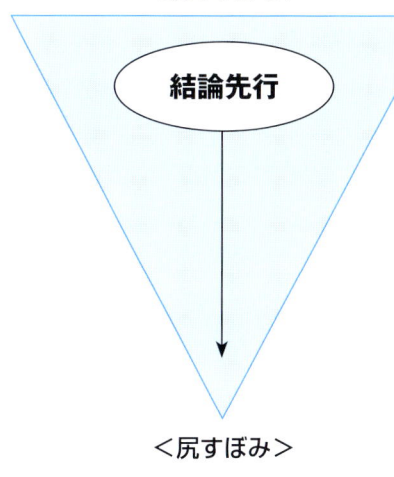

結論先行

＜尻すぼみ＞

- 大事なもの（論点→結論・中心主張）を先に出す。
  ⬇
- 絞り込みが利いているので、論点をしっかり展開できる。
  ⬇
- 細部は状況（字数や論の展開）に応じてふくらませたり縮めたりする。「結び」を無理につけなくてよい。

※ここで言う実用文とは、報告書・レポート・案内文・商品説明文・広報記事などを指します。

POINT

冒頭部以降の内容

冒頭部以降では、なぜその結論（主張）を導いたかの根拠づけ（論証）が中心となります。具体的には

- データ・参考資料の引用
- 関係者の談話・専門家の意見
- 実態・経緯・原因・背景の紹介や分析
- 将来予測（見通し）、先行例や類似例への言及

などで構成されます。

73 前文（リード）を立てる

文章の組み立て

前文（リード）で全体の大筋が見える

　前項で紹介した「逆三角形の文章」を徹底させると、「前文を立てる」ことになります。**本文のエッセンスを前文に詰め込むのです**。雑誌や新聞の記事には、前文（リード）が立てられ、読み手を上手に誘導しています。**記事が何に的を絞ったものか、ニュースバリューがどれほどあるのかなどを簡潔に教えてくれます**。読者は前文を読むだけで、読みたい記事かそうでないかが判別できます。このテクニックを使わない手はありません。

　前文の意味を私なりに整理すると、次のようになります。

①記事の方向づけ（書く観点と、内容の展開方向を示す）
②本文のエッセンスの前出し
③重要ポイント（論点、ニュースバリュー、話題性、社会的評価）の提示
④読み手のスムーズな誘導

　これらを導入部にまとめれば、それだけで大筋が理解できます。③の核心を示すキーワードを外へ出せば、見出しになります。こうして見出しと前文が一体化して読者を誘導してくれるのです。

　本文、前文、見出しの関係は下の図のようになります。

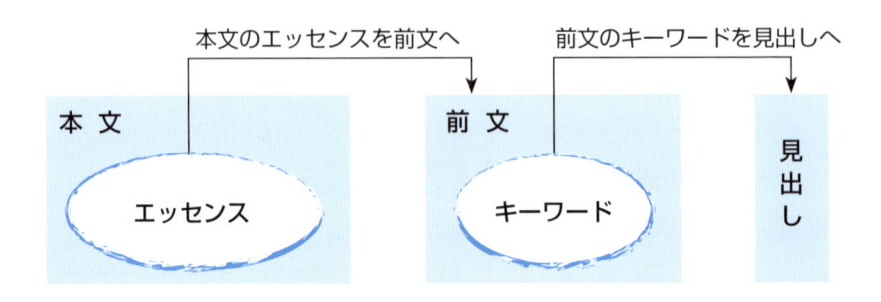

本文のエッセンスを前文へ　　前文のキーワードを見出しへ

本文	→	前文	→	見出し
エッセンス		キーワード		

前文の要素は中心論点・その背景・読ませ所

前文の立て方は次の通りです。

① **中心論点** 論点を一つに絞り込む（疑問文「〜は〜か」で示す方法もある）。
② **絞った背景** なぜその論点に絞ったのか、理由（必然性）を要領よく説明する。
③ **読ませ所** 本文の読ませ所を、キーワードを交えて明らかにする。

下に前文例を出しておきました。

ペットブームの行き着いた先に、②ペットの高齢化問題が浮上してきた。①ペットの葬祭を請け負う業者が次つぎと登場し、至れり尽くせりのサービスを展開する一方、③移動車による死体焼却などが新たなトラブルを発生させている。

この前文で示された**中心論点**(①)は"新登場したペットの葬祭業者の実態"です。そこに**絞った背景**(②)には"ペットブームの果てのペット高齢化"があります。**読ませ所**(③)は"至れり尽くせりのサービスの一方にある、移動車による死体焼却などの新たなトラブル発生"です。

本文ではペットの高齢化についての状況、ペットの葬祭業者にかかわるトラブルの具体的事例などが入ります。

文章の組み立て

74 論文・小論文は序論→本論→結論の流れに

★ 論理的な文章には、3段型構成を用いる

　大学入試や就職試験の小論文、各種レポートなどでは、3段型構成を用いるのが基本原則です。こうした文章では、論理的で客観的な考察が求められます。さらに、一貫した内容に仕上げることも大事です。

　この要求をいっそう厳しくしたものが、研究論文です。3段型構成は研究論文の基本型として発達しました。古今東西の頭脳明晰な人たちが、論理と客観を重視した文章の組み立て方を練り上げてきた結果、これに落ち着いたのです。現状で最善の作法と言えます。

★ 論点を一つに絞れば結論も一つになる

　そうであれば、これを私たちの仕事や学業に活かさない手はありません。**3段型構成とは「序論」「本論」「結論」から成ります**。大学入試の小論文を例に、各段の役割を説明します。

　序論は、具体的な論点を示し、論の大きな方向づけをする段です。

　論点を示す最もかんたんな方法は、たとえば「消費税導入は必要か」とか「地球温暖化の最大原因は何か」といった疑問文を立てることです。

　導入部で論点を絞り込めば、次の「本論」ではその論点だけを多角的にしっかり考察し、「結論」を導き出せばよいのです。

　大事なのは、**序論で具体的論点を一つに絞り込むことであり、論点が一つであれば結論も一つになります**。本論もその論点がらみの考察に徹底するので、全体の論旨が一貫します。本筋から外れた脇筋に入らないことが大事です。

序論

導入部
- テーマに即して絞り込んだ具体的な重要論点を一つ示す。疑問文を一つ立てると論点が示せる。
- その論点に絞った理由（必然性）を説明するとともに、どんな観点から論ずるかという大きな方向づけもする。

具体例（「少子高齢化問題」を例に）

「少子高齢化が急速に進んでいる。それはさまざまな分野に大きな影響を与えるが、特に、すでに破たん寸前の年金財政への影響は深刻だ。どう乗り切ったらよいのか」

本論

論証部
- 序論で示した論点を受け止めて、具体例やデータ、証言、資料引用などによる多角的な考察を通じて根拠づけを行い、説得力ある主張（結論）を導く。
- 論理に一貫性をもたせることが大事。

具体例
- 少子高齢化、国民の年金離れによる、年金財政悪化の紹介
- 直近の法改正による年金制度手直しの骨子紹介
- それでも間に合わない年金財政の将来予測
- 複数の打開策の利害得失・現実性などの検討

結論

主張要約部
- 本論の論証で導かれた主張をまとめ直す。
- 序論の疑問に対する答えに該当するが、本論で出てきた主張の単なる繰り返しではなく、一段深めた意味づけをしたり、問題解決のための提案などへ高めることもある。

具体例
- 検討で得られた最善策と実施に必要なステップの提示

文章の組み立て

75 話はどこからでも始められる

⭐ どこから書き始めても文章は成り立つ

　初心者は何から書き始めたらよいか悩みます。便利な「定型」があれば飛びつきたいと願います。でも、定型の前に、もっと大本の大事なことを理解しておくと、気がずっと楽になります。

　書く中身が決まっている、つまり書く材料がそろっている場合、**どの材料から始めても文章は成り立ちます**。これさえわかっていれば、慌てることはないのです。

　たとえば、A、B、C、D、Eという五つの材料があったとします。スタートはAからでもBからでもCからでも構いません。大事なのは**必要な五つの材料を使い切ることです**。右ページの上図のような「円環イメージ」で考えてみましょう。

⭐ 工夫すればオリジナルな展開もできる

　オーソドックスな流れが「A→B→C→D→E」だとしても、まったく逆の順路で書くことも不可能ではありません。要するに**一筆書きの要領で、5要素のすべてを盛り込めばよいのです。**

　「B→E→D→A→C」など思いもつかぬ順に書くことさえできます。その際には、それなりにうまい「つなぎ」の仕方を考える必要がありますが、工夫次第ではかえって面白い展開になります。

　以上を理解していただいた上で、右ページに読み手にとって「自然な流れ」の基本原則を紹介します。上にある円環イメージとうまくミックスさせれば、自分独自の展開も可能になるはずです。

◐ 円環イメージ

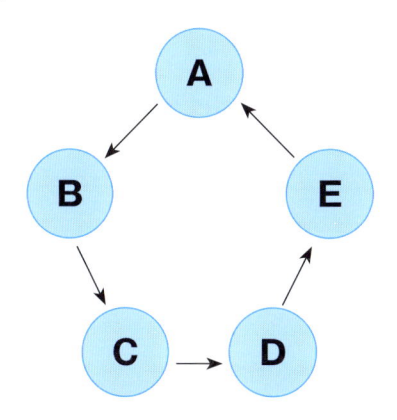

```
        A
       ↙ ↖
      B   E
      ↓   ↑
      C → D
```

◐ 読み手にとって自然な流れ

①**過去➡現在➡未来（時間の流れ）**
ただし、通常は今の問題を論じることが多いので、＜現在→過去→未来＞で組み立てることが多い。

②**大状況➡中状況➡小状況（空間的把握）**
全景を映し出し、それから近景、さらに焦点となる核心へと絞り込む映像を思い浮かべると理解しやすい。
ルポなどではいきなり小状況から入り、それから周囲の背景的な話に広げ、さらには時代・社会の全体状況も語るというように逆の道筋をとることも多い。

③**実態紹介➡問題摘出➡原因・背景の究明➡改善策考察➡結論**
（主張、提言）
これは何かの問題解決を考える、新聞の社説などの典型的パターン。

76 "出だし"で読み手をひきつける

文章の組み立て

⭐ 出だしで結論を出す、核心に迫る

　出だしが魅力的な文章は、読み手をぐいぐいと中へ引きずり込みます。そんな出だしを書くコツを、プロの文章から探ってみましょう。著名な3人の文筆家の作品冒頭部（右ページ参照）をもとに説明します。
　なお、説明に挙げる福沢諭吉の『学問のすゝめ』は論文、川端康成の『雪国』は小説、疋田桂一郎の『新・人国記　青森編』はルポルタージュと、それぞれ異なる分野の文章です。

　『学問のすゝめ』は「天は人の上に人を造らず人の下に人を造らずと云へり」が有名ですが、最後の「其有様、雲と泥との相違あるに似たるは何ぞや」との問いかけが大事です。生まれた時には差がないのに現実に大きな差があるのはなぜか、と尋ねているのです。序論で疑問文を立てるやり方です。福沢はこの後すぐ、それは学問があるか否かによると結論を示し、だから学問しなさいと勧めています。
　『雪国』は、列車が上越トンネルを新潟側へ出た途端に一変する風景から入ります。実に鮮やかに読み手を小説の舞台へ引きずり込んでいます。
　『新・人国記　青森編』も『雪国』と手法は同じ。「どサ」（どちらまで…？）「ゆサ」（ちょいとお湯へ）という青森の象徴的な方言の会話から入り、冬の厳しい寒さが培った人情を巧みに紹介します。『雪国』と同様、意表を突くうまい導入です。

　どれも違うようでいて、原理はみな同じです。私がこれまで話してきた、**結論を先に出す、早く核心に迫るという手法です**。その核心に触れる、最も象徴的かつ魅力的な話から入ればよいのです。

『学問のすゝめ』福沢諭吉

　天は人の上に人を造らず人の下に人を造らずと云へり。〜（中略）されども今広く此人間世界を見渡すに、かしこき人あり、おろかなる人あり、貧しき人もあり、富める人もあり、貴人もあり、下人もありて、其有様、雲と泥との相違あるに似たるは何ぞや。

『雪国』川端康成

　国境の長いトンネルを抜けると雪国であった。夜の底が白くなった。信号所に汽車が止まった。

『新・人国記　青森編』疋田桂一郎

　雪の道は角巻きの影がふたつ。
「どサ」「ゆサ」
　出会いがしらに暗号のような短い会話だ。それで用は足り、女たちは急ぐ。

> **その他の出だしの例**
>
> 『桜の樹の下には』梶井基次郎
> 　桜の樹の下には屍体が埋まっている！
> 　これは信じていいことなんだよ。何故って、桜の花があんなにも見事に咲くなんて信じられないことじゃないか。

77 一つの段落に一つの話

文章の組み立て　　　　　重要

☆ 段落分けしなければ読み手・書き手双方に支障が出る

　文章は多数の文から成ります。それらの文はいくつかの段落にまとめられ、段落の展開によって話の筋が決まります。ところが、文章講座の受講生の中には、一度も段落分けをしない人がいます。これは次の二つの点で、問題があります。

　一つは、**読み手が読解するのにとても苦労する**ことです。話の流れがつかめません。もう一つは、**書き手本人の頭の整理がなされず、明晰な文章にならない**点です。つまり、段落分けをしないと、読み手、書き手双方にマイナスが大きいのです。

☆ 段落にはおのおの、中心となる話題が入る

　各段落はそれぞれ一つの「中心話題」を持っています。その**中心話題が変われば、段落を変えるべきです**。字数が多くなったからこのあたりで段落を変えよう——などという感覚的なものではありません。内容に即して分けるのです。

　たとえば、「電車の冷房が強すぎるので、もっと弱くするべきだ」と主張するとします。次のような展開が考えられます。

「電車の冷房が強すぎる」（論点提示）
➡「ある車両での体験」（具体例紹介）
➡「ほかの人たちの証言」（傍証）
➡「国の省エネ推進策との矛盾指摘」（大きなレベルでの議論）
➡「改善の訴え」（主張）

かっこにある、論点提示・具体例紹介・傍証・大きなレベルでの議論・主張、のそれぞれが中心話題です。質的にまったく違うもの同士なので、これらを独立の段落として分ければよいのです。

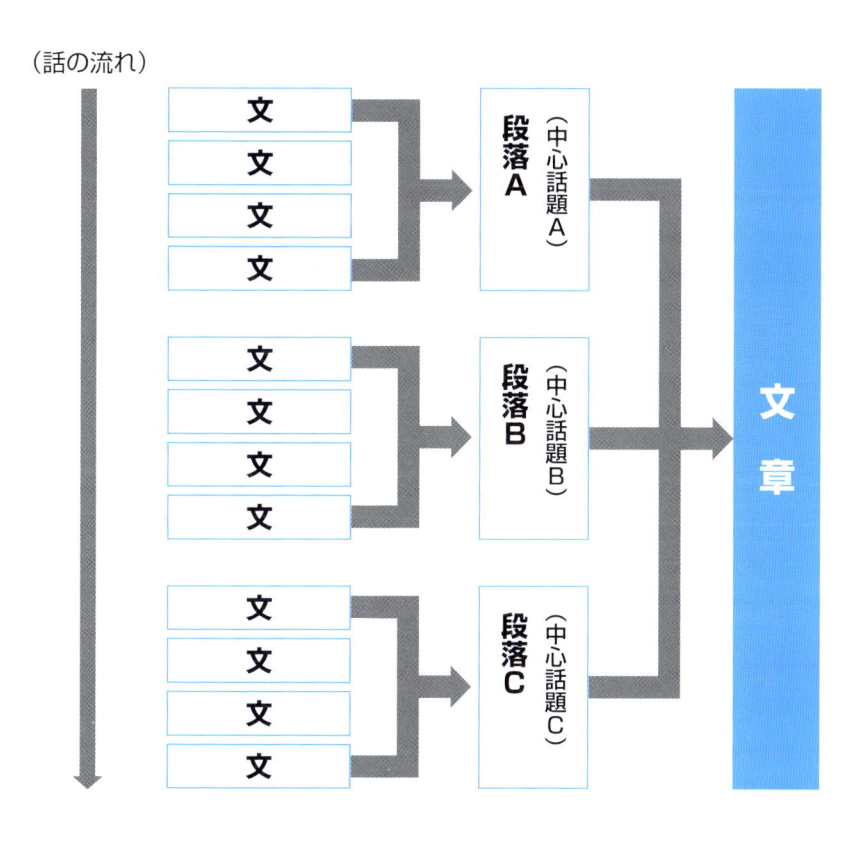

（話の流れ）

文 ┐
文 ├→ 段落A（中心話題A） ┐
文 │   │
文 ┘   │
                          │
文 ┐   │
文 ├→ 段落B（中心話題B） ├→ 文章
文 │   │
文 ┘   │
                          │
文 ┐   │
文 ├→ 段落C（中心話題C） ┘
文 │
文 ┘

78 "同じ仲間"を同じ段落に集める

文章の組み立て

☆ 不十分な段落分けで読み手は混乱する

　読んでわかりにくい文章に、同じ内容があちこちに出てくるものがあります。あれ、さっき読んだぞ、と思わせる箇所がいくつもあるのです。段落分けが十分にできていないと、こんな現象が起きます。各段落の中心話題をしっかりつかみ、使う材料をしっかり仕分ける必要があるのですが、それが不十分なのです。

　そこで私が提唱するのは、**同じ仲間＝同類項は、同じ段落に集める**という原則です。文章を書いている最中はもちろん、推敲の際にもぜひこの原則を意識してください。そして、同類項が分散しているのに気づいたら、それらを適切な位置に移し替えましょう。

☆ 同じ表現やキーワードが段落を越えて出てこないか

　この現象を発見するよい方法は、**同じ表現やキーワードが段落を越えて存在しないかチェックすることです**。見つけたら、その部分がどの段落と最も関係が深いかを再検討しましょう。

　たとえば、A→B→C→Dという四つの段落で構成された文章を想定してください。それぞれ別の中心話題をもち、AにはA１、A２という段落にふさわしい素材が盛られています。それと同時に、段落AにはC３、段落BにはA３、D３、段落CにはB４、段落DにはB３という、各段落に合わない素材も紛れ込んでいます。

　これらがあるため、とても散漫で難解な印象を与えてしまうのです。これらの**異分子を同類項が待ち受けている適所に移してあげれば**、文章は実にわかりやすい、スッキリとしたものになります。

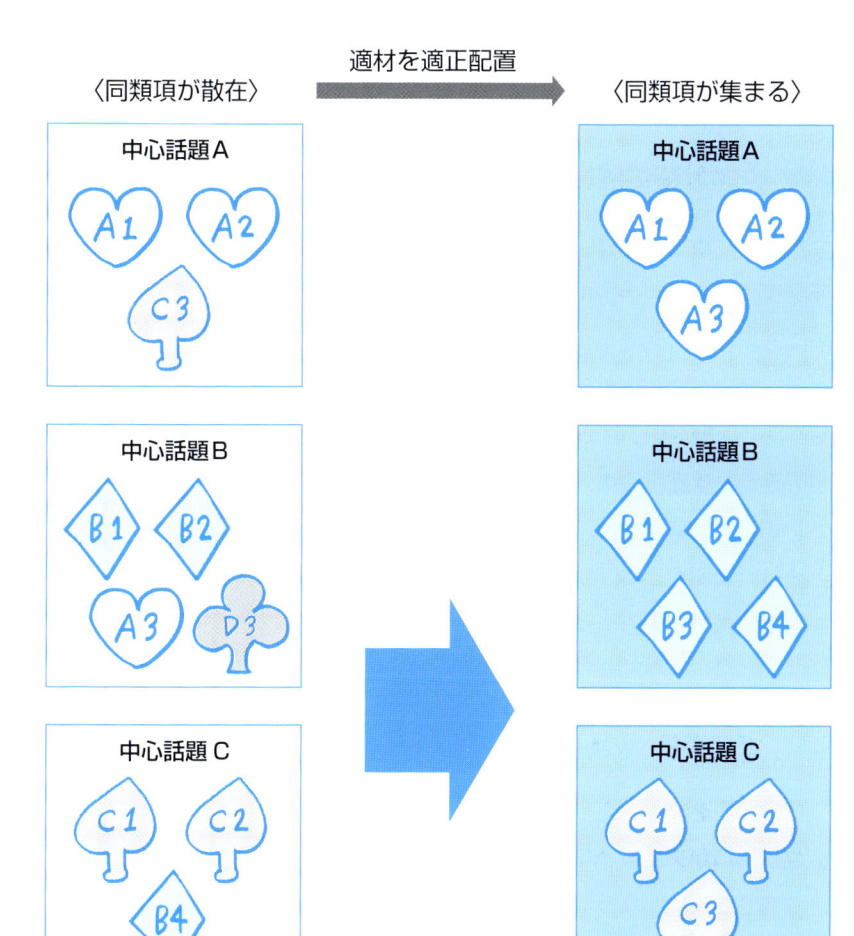

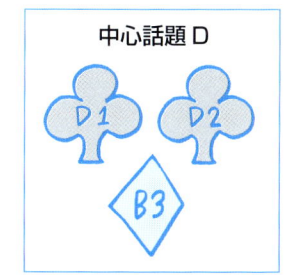

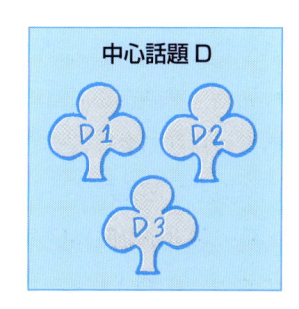

〈同類項が散在〉　適材を適正配置　〈同類項が集まる〉

中心話題A: A1, A2, C3 → 中心話題A: A1, A2, A3

中心話題B: B1, B2, A3, D3 → 中心話題B: B1, B2, B3, B4

中心話題C: C1, C2, B4 → 中心話題C: C1, C2, C3

中心話題D: D1, D2, B3 → 中心話題D: D1, D2, D3

第4章 組み立てのノウハウを知ろう

79 主題から目を離さない

文章の組み立て　　重要

☆ 主題と関係ない話は捨てる

　雑談の典型である井戸端会議は、話題があちこちに飛びます。話に脈絡がありません。ストレス解消にはよいかもしれませんが、何かをきちんと伝えるべき実用文でこれをやってはいけません。

　書く前に主題を確認したら、主題から目を離さないことが大事です。と同時に、主題と関係のない話は大胆に捨てます。こうして、**文章内のすべての要素を主題に集中させます**。すべてを主題がらみの一色に塗り上げるのです。

　この観点から、「起承転結」の組み立ては勧められません。「転」は話題を転じることです。「ところで」とか「それはそうとして」という言葉を置き、「起」（導入）→「承」（前の段落を受ける）とうまくつながった流れをいったん断ち切り、本筋とは別の話題に振るのが「転」です。これでは困ります。

☆ 素材はすべて本筋に集中させるイメージで

　書き手は、文章の中心たる主題を常に意識しながら書く必要があります。主題の核心にふれる流れが本筋であり、**すべての素材を本筋（本流）に注ぎ込む支流のようにしなければなりません**。そうすれば、文章が進むにつれ本筋の流れは太くなり、説得力を強めていきます。

　逆に、**話が進むにつれ脇筋の話が次つぎと出てくる文章では、本筋の流れがどんどんやせ細っていきます**。何となく関係がありそうだという程度の感触で、脇筋に入り込んでいく。はなはだしい場合には、さらに小さな脇筋（枝道）に入り込んでしまう。こうなるともう、収拾がつかない文章になってしまいます。

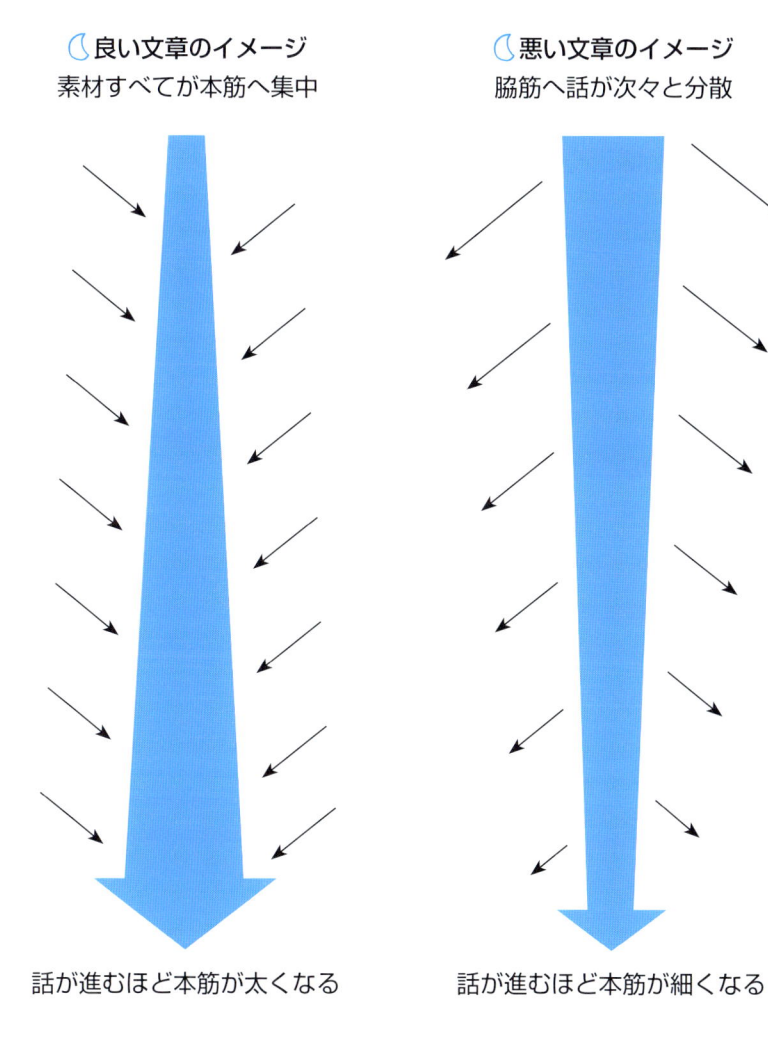

🌙 **良い文章のイメージ**
素材すべてが本筋へ集中

🌙 **悪い文章のイメージ**
脇筋へ話が次々と分散

話が進むほど本筋が太くなる

話が進むほど本筋が細くなる

文章の組み立て

80 "結び"をうまくつける

☞ 結びには三つのパターンがある

　エッセイだと「～する今日このごろである」、新聞の社説なら「～の行方が注目される」という手垢のついた結びが、今でも時どき見られます。時代後れの映画を見るようで、訴えるものは何もありません。
　結びは大切ですが、文章の種類によりさまざまなケースが考えられます。以下のパターンで分けて説明します。
　1番目は、**結びが要らない文章**です。168ページで紹介した「逆三角形の文章」がその典型です。結論を先に出しているので、再び結びをつける必要がありません。
　2番目は、**論理的な「3段型構成」の文章**（172ページ参照）です。これは最終段が「結論」ですので、その作法に則り、序論→本論の流れをきちんと受け止めた結論、つまりは論点に対する答えを出せば済みます。
　そして3番目は、エッセイや投稿文、報告文など、定型のない文章群です。実はこれも基本的考えは2番目と同じで、**結論は本論の延長線上にある**というのが大原則です（図1）。

☞ 本筋と関係ない結びは無意味

　時どき、本筋の話とまったく関係のない、道徳的な決意や常識的提案（「がんばります」「個々人の自覚が必要だ」など）で結ぶ人がいますが、結論は天から降ってくるものではありません。**前段までの中心内容をしっかり受け止めた所から出てきます**。意味的に内容を深化させたり発展させたりするのです。右ページに例として劇作家・清水邦夫の「部屋」というエッセイを用いて解説します（図2）。

[図1]

文章の中心内容

↓

結論
- 本論の延長線上
- 本論を意味的に深化・発展させたもの

[図2]
清水邦夫のエッセイ「部屋」

〈第1段〉
昔の部屋には、客間など、ふだん「使わない部屋」があった事実と、そこには得体の知れない客のほか、病人などを押し込め、子供心に「闇」のような恐怖を与えたことを紹介。

〈第2段〉
現今の家は「使う部屋」ばかりで、子供が暗い想像にさいなまれる闇が消えたことを指摘。

↓

〈結論〉
そのぶん、家族はふしぎな鍛錬の場を失った。そして今、ふしぎな余裕のなさに悩まされている。（原文より）

🌙 解説
昔と今の家の構造的違いという現象の対比で終わらせずに、結論部でその合理化がもたらした意味にまで深めてとらえ直すことにより、優れた文化論・社会論になっています。

文章力の養成法

　広い意味の文章力は、さまざまな要素から成ります。**①題材を見つける発想力**、**②素材を集める取材力**、**③素材を適所に置いて話を組み立てる構成力**、**④豊かな語い・表現力**、**⑤読み手を説得する力**——などです。④だけでなく、これらの総合が文章力なのです。

　これらがすべて備わっている人は稀（まれ）です。記者時代の仲間を思い出しても、アイディアはよいけれど取材力のない人、取材力はあっても文章が下手な人など、みな弱点をもっていました。まずは自分の弱点を自覚し、その克服から始めましょう。

　各要素の養成法は以下の通りです。①**発想力**は広い社会的関心が大事です。社会にヒントがあるからです。②**取材力**は何事も面倒くさがらない積極性がカギ。③**構成力**は本筋に沿って話を作る力なので、物事に優先順位をつける訓練が役立ちます。④**語い・表現力**は優れた文章を多く読むことで養われます。⑤**説得力**は根拠づけの力ゆえ、ディベートで養成できます。

　なかでもお勧めは、優れた文章の言葉づかいや話の展開ぶりを分析しながら読むことです。「名文」には上の各要素が詰まっており、分析的に読むことで、筆者が各要素にどう腐心したかも見えてくるからです。もちろん、あなた自身がどしどし文章を書くこともお忘れなく。

巻末特集
知っておくと便利なこと

表現・表記の基本ルール
同音同訓異義語一覧
言い換え表現一覧
書き終えた後にすること

表現・表記の基本ルール

　以下は原稿用紙を用いる場合の基本ルールですが、ワープロでも同様に考えてください。

①文章は複数の段落で構成される。各段落の最初は１マス空ける。
②文字は１マスに１字入れる（拗音〈ゃ、ゅ、ょ〉促音〈っ〉も同様）。
　以下に挙げた記号も、１マスに１記号を入れる。句点（。）、読点（、）、かっこ類（「　」『　』（　）＜　＞" "〝 〟　※開く・閉じるそれぞれに１マス用いる）、イコール（＝）、中黒（・）、疑問符（？）、感嘆符（！）、音引き（ー）、 スラッシュ（／）

ゃ	ゅ	ょ	っ	。	、	「	」	『	』	（	）	＜	＞
"	"	〝	〟	＝	・	？	！	ー	／				

③文末に疑問符（？）、感嘆符（！）があり、次に文が続く場合は、間を１マス空ける。

だ	ろ	う	か	？		こ	ん	な	疑	問	が	ふ	と
許	せ	な	い	！		彼	は	急	に	怒	り	出	し

④ダッシュ・長棒（――）、リーダー・点線（……）は２マス分を使う。リーダーの点は１マスに三つ打つ。

―	―		…	…	

⑤行頭に句読点やかっこ類の閉じるなど、つまり止めたり終わらせたりする記号が来てしまうときには、前の行末の文字と同じマスにそれらを書き込む。

同様に、行末にかっこ類の開くなどが来るときには、次の行頭の文字を同じマスに書き込む。

					20	10	年	（	平	成	22	年）
言	わ	れ	て	い	る	。	魯	迅	が	書	い	た『阿
Q	正	伝	』は	、	彼	の	代	表	作	で	あ	る。
									～	す	る	と、

⑥数字は、縦書きには原則として漢数字（〇、一、二など）を用い、単位語は4けたごとにつける（例・五三兆四二七八億五五〇〇万）。横書きには、数量的な意味をもつときに算用数字を用い（4.5kg、38歳）、和語（一つ、二つ）、固有名詞（八ヶ岳、六本木）、単語や熟語（一般的、二束三文）、概算数字（数百年）は漢数字を用いる。

⑦ローマ字は1マスに、大文字は1字、小文字は2字入れる。算用数字は1マスに2字が原則。コンマなどは半角で。

Y	o k	o h	a m	a		地	上	63	4	メ	ー	ト	ル

同音同訓異義語一覧

あ行

＊**あける**
　夜が明ける（時間的な経過を伴う）
　窓を開ける（物理的な遮蔽物を取り除く）
　部屋を空ける（空間をつくる）

＊**あげる**
　ピアノを2階に上げる
　（高いほうへ動かす）
　例を挙げる（出す・起こす）
　国旗を揚げる（掲げる）

＊**あつい**
　9月になっても暑い（気温が高すぎる）
　熱い試合になった（気持ちが高ぶる）
　掛け布団がかなり厚い
　（ものの厚みがある）
　信頼が篤い（情がこもっている）

＊**あやまる**
　彼は言い過ぎたことを謝った
　（詫びる）
　計算が誤っていた（間違える）

＊**あらい**
　粗い見積り（大雑把な）
　人使いが荒い（乱暴である）

＊**あらわす**
　株価の推移をグラフで表す（表示する）
　社長が姿を現す（出現する）
　功績を表彰によって顕す（善行などを示す）

＊**いぎ**
　異議を唱える（反対意見）
　この仕事のもつ意義は大きい（ものの価値）

＊**いし**
　利益を得る意思はなかった（考え・気持ち）
　強い意志をもって遂行する（積極的な心）

＊**いじょう**
　夏の暑さは異常だった（正常でない状態）
　部屋は異状を呈していた
　（目に見えて平常と違う状態）

＊**いじょう**
　予算権限を委譲する
　（権限を下のものへ譲り任せること）
　取引先に移譲した
　（権限などを他へ渡すこと）

＊**いどう**
　飛行機で移動する
　（場所が移り動くこと）
　彼は法務部門へ異動した
　（地位や職務が変わること）
　前回との異同を整理する（違い）

＊**いりゅう**
　辞意を慰留した
　（やめようとする人をとどまらせること）
　遺留品は倉庫に保管してある
　（置き忘れ・死後に残すこと）

＊**いんたい**
　現役を引退した
　（職・地位から身を引くこと）
　地方に隠退した
　（社会活動をやめ、静かに暮らすこと）

＊**うかがう**
　ご都合を伺います
　（聞く・たずねるの謙譲語）
　こちらの様子を窺う（ひそかにのぞくこと）

＊**うたう**
　カラオケで歌う
　社訓は社会貢献を謳っている
　（強調して言う・言い立てる）

＊**うむ**
　次のビジネスチャンスを生んだ
　（世に出てくる）
　鶏が卵を産む（母体から外に出る）

＊**おかす**
　プライバシーを侵す（権利・権限を損なう）

危険を冒して進む（無理なことをする）
法を犯す（違反する）
*おこす
身体を起こした
（横になっているものを立てる）
新会社を興す
（物事を始める）
*おさえる
上から押さえる（力を加えて止める）
怒りを抑える（抑制する）
*おじ
伯父（父母の兄）
叔父（父母の弟）
小父（年長者の親しみを込めた呼び方）
*おんじょう
温情をかけていただいた
（思いやりのあるやさしい心）
師の恩情に報いる（情け深い心）

か行

*かいてい
書籍を改訂する
（書物の内容などを改め直すこと）
公共料金を改定する
（規則などを決め直す）
*かいとう
回答が遅れている（質問・照会への返答）
解答をチェックする
（設問や疑問を解いた答え）
*かいほう
校庭が開放される（出入り自由にすること）
人質が解放された
（束縛をなくして自由にさせること）
*かえる
政府は経済政策を変えたようだ
（以前と違う状態にする）
経営不振を招いた社長を代える
（別の者がその役をする）

切れた電球を換える（とりかえる）
私の命に替えても子供を守りたい
（〜と引きかえにする）
*かくしん
ものごとの核心を突く（ものごとの中心）
確信を得る（固く信じて疑わないこと）
*かた
型にはまった人生（決まったやり方）
形を崩さないように保管する（ものの姿）
*かたい
ダイヤモンドは最も硬い鉱物だ
（外からの力に対して形が変わらない）
彼が次の社長になるのは堅い（確か）
固い絆
（強くて壊れない・融通がきかない）
*かたまり
塩の固まり（集まって一つになったもの）
欲の塊（比喩的に性向などが極端なこと）
*かてい
破たんに至った過程（順序・経過）
研修の課程を修了する（学習範囲・内容）
*かなう
夢が叶う（望んだ通りになる）
条件に適う（当てはまる）
彼女の計算能力に敵う人はいない
（対抗できる）
*かねつ
水を加熱する
（熱を使って加工・処理すること）
議論が過熱する（度を越して熱くなること）
*かん
そこまでやるのは行き過ぎの感が否めない（感じ）
長年の業務経験で培った勘は頼りになる
（直感・第六感）
彼とは価値観が合う（ものの見方）
*かんし
行動を監視する（注意して見張ること）

同音同訓異義語一覧

衆人環視の中
（多くの人が取り巻いて見ていること）

＊かんしょう
写真展を鑑賞する
（芸術作品を理解し味わうこと）
観賞用植物
（自然や風物を眺め楽しむこと）

＊かんしん
熱心さに感心する（心に深く感じること）
業界の動向に関心をもつ
（気にかかる・興味）
役員の歓心を得る（うれしく思う心）

＊きかい
工場に新しい製造機械を導入する
（動力で仕事をする装置）
運動能力を測定するための器械
（機械より小型な装置や道具）

＊きく
悪い噂を聞いた（自然と耳に入る）
ジャズの新譜を聴く（意識して聞く）
駅までの道を訊かれた（尋ねる）
この薬は良く効く（効果がある）
部長に口を利いてもらう
（「口を利く」で世話をする）

＊きこう
温暖な気候
（長期間の平均的な気温や気象の状態）
季候にあった挨拶
（季節の移ろいとともに変化する気象）

＊きじゅん
年初の為替レートを基準とする（目安）
彼の行動を規準とする（規範・手本）

＊きせい
既成観念にとらわれない
（すでにできあがっていること）
既製の服ではサイズが合わない
（製品として、すでにできあがっていること）

＊きてい
規定の演技
（ものごとを一定の形に定めること）
規程に違反した
（一定の目的用に作られた決まり）

＊きばん
生活の基盤が固まった（土台）
無数の基板が組み込まれている
（電子部品を組み込むプリント板）

＊きゅうめい
法廷で糾明される（不正を明らかにすること）
縄文時代の食文化が究明された
（物事の真理や原因を明らかにすること）

＊きょうい
驚異的な記録（驚くべきこと）
自然の脅威（恐ろしさ）

＊きょうこう
採決が強行された
（無理を押して強引に行動すること）
強硬な姿勢を崩さない
（自分の主張を強く押し通そうとするさま）

＊きょうどう
トイレを共同で使う
（二人以上で一緒にやること）
大学と協同で研究に乗り出した
（力を合わせて関わること）

＊きょうゆう
同じ目的を共有している
（共同での所有）
人間として当然の権利を享有している
（生まれながらにして、もっていること）

＊くじゅう
苦渋の決断（苦しみ悩むこと）
苦汁をなめた（つらい経験やいやな思い）

＊けいたい
新しい連立政権の形態を模索する
（ありさま）
人間の耳の形体は複雑に進化した（形）

*けっさい
決裁は役員が行う
（権限をもつ人が可否を決めること）
クレジットカードで決済した
（支払いを済ませ売買取引を終えること）
*こうい
好意的な対応（親愛感）
取引先のご厚意（親切心）
*こうえん
金メダリストの講演を聴く
（専門家による講義）
歌舞伎の公演（演劇・演奏を公にやること）
落語の口演（口で語る演芸）
*こうかん
名刺を交換する
（とりかえる・やりとりすること）
新入社員の交歓会が開かれた
（喜びを分かちあうこと）
*こうしょう
契約の有効性が公証されている
（公に証明すること）
当時の衣服などの考証
（昔の物事の実態を明らかにすること）
この文化は口承されている
（口から口へ伝えられること）
*こうせい
決算書類の誤りを更正する
（誤りを正しくすること）
どんな犯罪者でも更生の可能性はある
（もとの良い状態に戻ること）
公正な審査を経る（平等で誤りがないこと）
*こえる
定員を超える人員（ある基準・数値を上回る）
19時を越える（ある場所・時間を過ぎる）

さ 行

*さいご
最後の一人（一番後・終わり）
彼の最期は立派だった（死に際）
*さいしょう
世界最小の電気部品（一番小さいこと）
最少で2名の申し込み（一番少ないこと）
*さいせい
樹木が再生した（生き返ること）
ペットボトルから再製した衣類
（製品や廃品を別の製品に作り直すこと）
*さがす
欲しい名画を探す
（欲しいもの・まだ手に入れていないもの）
犯人を捜す手がかり
（失ったもの・見えていないもの）
*さくせい
新しい経営計画の作成
（文書・図表・計画を作ること）
プラモデルの飛行機を作製した
（物品を作ること）
*じき
そろそろ一人立ちの時期だ
（ある幅をもった時）
スキーの時季（季節）
時機を見計らう（ちょうど良い機会）
*しこう
彼は上昇志向が強い
（意識がある方向を目指すこと）
このマイクは指向性が弱い
（ある目的・方向に向かうこと）
*じったい
貧困国の庶民の生活実態（状態）
組織の実体を探る（本質や本体）
*じてん
英和辞典を購入する（言葉）
子どもの頃は百科事典が好きだった（事物）
*じにん
彼は自ら社長の後継者を自任している
（自負すること）
社長は失敗を自認した（自分で認めること）

同音同訓異義語一覧

* **しのぶ**
  この場面を耐え忍ぶ（じっと我慢する）
  若かりし頃の父を偲ぶ（懐かしく思い出す）
* **しめる**
  ドアを閉める（空いているものを閉じる）
  手綱を締める（きつくする）
  首を絞める（手やひもで圧迫する）
* **じゃっかん**
  若干の疑問がある（少し）
  弱冠二十で優勝した（二十の異称）
* **しゅうしゅう**
  トラブルを収拾した（混乱を収めること）
  記念切手の収集（特定のものを集めること）
* **しゅうせい**
  誤っていた箇所を修正した
  （誤りなどを直すこと）
  写真を修整する
  （原板に手を加えて整え直す）
* **しゅうとく**
  ゴルフのスイングを習得できた
  （学問・技術を習って身につけること）
  単位を修得した
  （学業を履修し修了すること）
* **しゅうりょう**
  研修過程を修了した
  （学業の課程などを学び終えること）
  開発期間が終了する（終えること）
* **しょくりょう**
  食料の買い出しに行く（食物全般）
  食糧支援を行う（主食物）
* **しょよう**
  駅までの所要時間
  （物事を行う際に必要とするもの）
  所用があって間に合わない（用事や用件）
* **しんにゅう**
  不法に侵入してきた
  （禁止の場所に勝手に入ること）
  海水が浸入した
  （水が流れ込んでくること）
  車両の進入（進み入ること）
* **せいかく**
  より正確な数字を出す
  （確実で間違いがないこと）
  遺跡を精確に調査する（精密で確かなこと）
* **せいけい**
  石膏像を成形する（形を作ること）
  部品を成型する型枠
  （型にはめて形を作ること）
  骨折で整形外科に通う
  （形を整え正常にすること）
* **せいこう**
  彼は人を小馬鹿にする性向がある（気質）
  弟は性行不良で指導を受けた（日常の行い）
* **せいさく**
  折り紙で紙飛行機を製作した
  （物品を作ること）
  壁画を制作する（芸術作品を作ること）
* **せいさん**
  乗り越し運賃を精算する
  （金額などを細かく計算すること）
  会社を清算する
  （関係や事柄に始末をつけること）
  成算が立たない（上手くいく見通し）
* **せいし**
  物体が静止している（動かないさま）
  制止を振り切った（押し止めること）
* **せいちょう**
  成長を遂げる
  （大きく発展すること・心や体が育つこと）
  アサガオの生長記録（植物が育つこと）
* **そうぞう**
  かつては宇宙旅行なんて想像するしか
  なかった（心に描くこと）
  新しい市場を創造した
  （初めて作り出すこと）

た行

* **たいしょう**
  新入社員を対象とした健康診断
  （目当て・目標）
  左右対称となる
  （二つのものが向かい合っていること）
  両親の性格が対照的だ
  （照らし合わせて比べること・違いがきわだつこと）

* **たいせい**
  オーナー一族が経営を握る体制
  （社会・組織の仕組み）
  体勢を立て直す（体の構え）
  総動員する態勢
  （状況や物事に対する身構え）
  もう試合の大勢は決している
  （大方の形勢）

* **ただす**
  姿勢を正す（乱れを直す・間違いを直す）
  経営方針を問い質す
  （納得いくまで質問して確かめる）
  違法行為を糾す
  （真偽や是非をはっきりさせる）

* **ついきゅう**
  食の安全を追求する（追い求めること）
  失敗の責任を追及する
  （物事を問いただし追い詰めること）
  社会貢献のあり方を追究する
  （学問的に深く調べ明らかにすること）

* **つとめる**
  父は自治会長を務めている（任務）
  妻は食品メーカーに勤めている
  （勤務する）
  経費を削減するよう努める（努力する）

* **ていおん**
  この食品は低温で保存する（低い温度）

  この倉庫は定温に保たれている
  （一定の温度）

* **てきかく**
  課長からの指摘は的確だ
  （本質をついて正確なこと）
  彼はその職務に適格とは言えない
  （資格にかなっていること）

* **てきせい**
  適正な業務の執行を求める
  （ほどよく正しいこと）
  社員の適性に見合った配属
  （性質や能力が適していること）

* **でんき**
  電気を節約する（エネルギーの一形態）
  電器は正しく使わないと事故を起こす
  （電化製品の総称）
  電機メーカーに就職した
  （電気を使う大型機械の総称）

* **でんどう**
  キリスト教を伝道する
  （教義を伝え広めること）
  熱伝導の性質
  （熱や電気が物体内で移動すること）
  電動マッサージ機を購入
  （電気によって動くこと）

* **てんぷ**
  領収証を添付する
  （書類に資料などを添えること）
  封筒に切手を貼付する（貼りつけること）

* **どうし**
  同級生同士が非常に仲良くしていた
  （同じ種類の仲間や人）
  同志を募る（同じ主義・主張をもつ人）

* **とくい**
  私はギターが得意だ（巧みなこと）
  彼は特異な性格の持ち主
  （特に違っていること・優れていること）

同音同訓異義語一覧

* **とくちょう**
  この機械は簡単に使えるのが特長だ
  (利点)
  彼の顔は大きなほくろがあるのが特徴だ
  (目立つポイント)
* **ととのえる**
  風で乱れた髪を整える
  (乱れたものをまとめる)
  塩とこしょうで味を調える
  (調整する)
* **とる**
  網棚の荷物を取る (手に持つ)
  カブトムシを捕る
  (動物などをつかまえる)
  貧血気味なのできちんと鉄分を摂る
  (摂取する)
  山できのこを採る (選びとる・摘みとる)
  電車の中で財布を盗られた (盗む)

な 行

* **ならう**
  祖父から囲碁を習う (教えを受ける)
  トラブルの処理は前例に倣う
  (同じようにする)
* **なれる**
  東京の人ごみにも慣れた
  (繰り返して常のこととなる)
  うちの犬は妻によく馴れている
  (なじんで親しくなる)
* **におい**
  サンマの匂い (嗅覚に感じる刺激・香り)
  どぶ川の臭い (嗅覚に感じるいやな臭気)
* **のびる**
  身長が10cmも伸びた
  (ものの長さ・高さ・広がりが増す)
  会議は3日後に延びた
  (時間が長引く・日時が繰り下げられる)

は 行

* **はいふ**
  会議資料を配付する (特定少数に配る)
  チラシを配布する (不特定多数に配る)
* **はかる**
  問題の解決を図る (企図する)
  時間を計る (数・時間・温度を調べる)
  距離を測る
  (長さ・面積・深さなどを調べる)
  理事会に人事を諮る (相談する)
  悪事を謀る (たくらむ・だます)
* **はやい**
  出社時刻がいつもより早い
  (時刻や時期が基準より前である)
  彼は走るのが速い (スピードがある)
* **はんめん**
  明るい反面、わがままな性格だ
  (反対側の面・ほかの面)
  それには半面の真理がある
  (片方の面・面の半分)
* **はんれい**
  同様の事件の判例 (裁判の先例)
  凡例にも注意する必要がある
  (使い方などを箇条書きしたもの)
* **ひっし**
  私たちはこの仕事を成功させるために
  必死だった (懸命)
  この会社は倒産必至だ (不可避)
* **ひょうき**
  表記を統一する
  (文字や記号で書き表すこと)
  標記した部分 (目印となる符号や部分)
* **ひょうじ**
  注意点を目立つように表示する
  (はっきり表し示すこと)
  私有地であるという標示があった
  (目印をつけて示すこと)

*ふく
春一番が吹く（空気が流れ動く）
エンジンが火を噴く
（内部から勢いよく出る）

*ふける
物思いに耽る（没頭する）
夜がだんだんと更ける（深まる）

*ふしん
政治不信が叫ばれる（信用できないこと）
不審な人物（疑わしいこと）

*ふへん
人種差別撲滅は人類にとって普遍の課題だ（共通）
北極星の位置はほぼ不変である
（変わらないこと）

*へいこう
身体の平衡が保てない
（釣り合いが保たれていること）
線路と並行してバイパスが走っている
（並んで行くこと）
平行な2本の直線
（どこまで行っても交わらないこと）
併行審理する（同時に行われること）

*ほしょう
国家の安全保障
（危険や損害を被らないように手段を講じること）
損害の補償（損害や損失を償うこと）
彼の能力については私が保証する
（間違いないと請け合うこと）

ま行

*まずい
この料理は不味い（味が悪い）
目的は正しいがやり方が拙い
（下手である）

*まぜる
赤と青を混ぜる（別のものを一つにする）
トランプをよく交ぜる
（2種類以上のものを入り組ませる）

*まるい
子どもの頃は本当に丸い顔をしていた
（立体）
円い窓（平面）

*みとう
前人未到の記録
（誰も到達していないこと）
人跡未踏の地
（誰も足を踏み入れていないこと）

*むじょう
無常を感じる（人の世のはかないこと）
彼は無情にも突き放した
（同情や思いやりのないこと）

*もと
厳しい規則の下で生活する（影響下）
使った道具は元の場所に戻しておきなさい（物事の初めの部分）

や行

*ようけん
用件を済ませる（用事）
経営者としての要件
（必要条件・大切な用事）

*よる
規則の定めに拠る（物事の根拠とする）
悪天候に因りキャンプは中止となった
（起因する）
年金に依って生活している（依存する）

わ行

*わかれる
道が分かれる（分離する）
妻と別れる（人と離れる）

言い換え表現一覧

◆感情表現

●嬉しい・楽しい
嬉しい・嬉しがる：楽しい・楽しむ／うきうきする／わくわくする／どきどきする／心ときめく／心ときめかせる／心が踊る／心がはずむ

●好く・愛す・慕う⇔嫌う・憎む・蔑む
好き・好く：好む／憧れる／引かれる／気に入る／気がある
愛す：恋する／焦がれる／見そめる／惚れる／惚れ込む／のぼせる／熱を上げる
慕う：敬慕する／敬う／尊敬する
嫌い・嫌う：毛嫌いする／嫌悪する／嫌がる／気にいらない／気がない
憎む：憎らしい／憎たらしい／憎悪する
蔑む：軽べつする／侮蔑する／ばかにする／見下す

●快⇔不快
快い：愉快な／痛快な／心地よい／気分がよい／気が晴れる／心が晴れる／晴れやかな／爽やかな／爽快な／胸がすく／スカッとする／すっきりする／さっぱりする
不快な：心地悪い／気持ち悪い／気分が悪い／気分が良くない／居心地が悪い／居心地がよくない／むかつく／むかむかする／むしゃくしゃする／いらつく／いらいらする

●満足・期待⇔不満・落胆
満足する：大満足な／満たされる／満喫する
期待する：望む／希望する／志望する／切望する／待望する／待ち望む／願う／願望する
不満な：満たされない／物足りない／がっかりする／がっくりくる／気が抜ける／力が抜ける／拍子抜けする
落胆する：失望する／幻滅する

● **感動する**
　胸が打たれる／心が打たれる／心が洗われる／心が動かされる／感じ入る／感きわまる／感激する／感銘を受ける／感服する／敬服する／感嘆する／ぐっとくる／胸がいっぱいになる／感無量な／感慨無量な／感涙にむせぶ

● **悲しい・さびしい・つらい**
　悲しい・悲しむ(かな)：哀しい／もの悲しい／うら悲しい／切ない／哀切な／身を切られる／心が痛む／心が痛い／痛切な／悲観する／悲嘆にくれる／悲痛な／悲哀を味わう／はかなむ
　さびしい：わびしい／頼りない／よるべない
　つらい：耐え難い／筆舌に尽くせない／辛酸をなめる

● **怒る**
　怒り心頭に発する／怒りにふるえる／憤る／憤激する／憤慨する／激怒する／頭に来る／頭に血がのぼる／かっとなる／かっとする／かっとくる／かっかする／腹が立つ／立腹する／はらわたが煮えくり返る／むかつく／むかっとする／気色(けしき)ばむ／殺気立つ

● **困る・悩む・苦しむ・嘆く**
　困る：困惑する／当惑する／迷惑する／惑う／戸惑う／弱る／弱り切る／行き詰まる／さじを投げる
　悩む：気に病む／思案に暮れる／頭を痛める／思い余る／絶望する／あえぐ／煩う／煩わしい／迷う／憂う／憂鬱(ゆううつ)な／沈鬱な／陰鬱な／ふさぐ／ふさぎ込む／滅入(めい)る
　苦しむ：悶(もだ)える／悶え苦しむ／苦悩する／手を焼く／もがく／窮する
　嘆く：慨嘆(がいたん)する／ため息をつく／もらす

● **安心する⇔心配する**
　安心する・安心な：安堵(あんど)する／ほっとする／心が安らぐ／胸をなでおろす
　心配する：危惧(きぐ)する／懸念する／案じる／気がかりな／気がもめる／気がやすまらない／気が気でない／気が滅入る

言い換え表現一覧

●泣く⇔笑う
泣く：大泣きする／泣き明かす／泣き暮れる／号泣(ごうきゅう)する／慟哭(どうこく)する／涙をこぼす／涙を流す／涙を落とす／目頭が熱くなる／涙腺がゆるむ

笑う：笑いころげる／大笑いする／哄笑(こうしょう)する／爆笑する／馬鹿(ばか)笑いする／噴き出す／腹をかかえる／微笑(ほほえ)む／含み笑いする／失笑する／苦笑いする／苦笑する

状態・様子・性質

●美⇔醜
美しい：麗(うるわ)しい／華麗な／優美な／優雅な／きれいな／きらびやかな／華美な／端正な／整った／端然とした／かわいい／愛らしい／愛くるしい

醜い：醜悪な／グロテスクな／見た目の悪い／不細工(ぶさいく)な／不器量(ぶきりょう)な／憎らしい／憎たらしい／小憎らしい

●ゆったり⇔せせこましい
ゆったりした：ゆとりのある／広々とした／おおらかな／落ち着いた／ゆるやかな

せせこましい：余裕のない／狭小な／狭苦しい／せかせかした／落ち着かない／きつい／けわしい

●明⇔暗
明るい：ほがらかな／陽気な／陽性な／からっとした／華やかな／華々しい／派手な／人目を引く／根明な（ネアカな）

暗い：陰気な／陰気臭い／陰性の／じめじめとした／翳(かげ)のある／地味な／ひそやかな／ひっそりした／根暗な（ネクラな）

●爽やか⇔重苦しい
爽やかな：爽快な／軽快な／軽やかな／すがすがしい／さっぱりした／さばさばした／あっさりした／淡白な

重苦しい：鈍重な／よどんだ／どんよりとした／うじうじした／しつこい／しぶとい／ねちっこい／ねちねちした／煮え切らない／粘着質の／うっとうしい

● **上品⇔下品**
上品な：格調高い／品格がある／品のよい／品性のある／丁重な／丁寧な／礼儀正しい／折り目正しい／慇懃(いんぎん)な
下品な：下卑(げび)た／品格に欠ける／品のない／品の悪い／品性の卑しい／無礼な／不作法な／失礼な／ぶしつけな

● **控え目⇔押しつけがましい・高圧的**
控え目な：謙虚な／慎み深い／遠慮深い
押しつけがましい：ずうずうしい／厚かましい／無遠慮な／横柄な／尊大な／高慢(こうまん)な／傲慢な／居丈高(いたけだか)な

● **親切⇔不親切**
親切な：好意的な／人情味のある／友好的な／優しい／気立てが良い／情がある／情に厚い／情にもろい／温かい／温厚な／温和な／穏やかな
不親切な：薄情な／人情に欠ける／非情な／つれない／すげない／恐い／恐ろしい／おっかない／情に薄い／情がない／冷たい／冷淡な／冷酷な／ひどい／むごい／残酷な／残虐な／猛々(たけだけ)しい

● **安らぎ⇔不安**
安らぐ：安らか／穏やか／平らか／平穏な／無事な／ホッとする／安心を与える／安心感のある／安心できる
不安な：心配な／心配する／不安を与える／安心できない／落ち着かない／危険な／危ない／危(あや)い／恐ろしい／こわい／びくつく／おののく／戦慄(せんりつ)する／背筋が寒い／背筋が凍る

● **丁寧⇔粗野**
丁寧な：丁重な／こまやかな／きめこまやかな／神経の行き届いた
粗っぽい：粗野な／雑な／乱暴な／乱雑な／大雑把な

言い換え表現一覧

● 堂々 ⇔ こせこせ
　堂々とした：威風堂々の／スケールの大きい／自信に満ちた／恰幅(かっぷく)のよい／押し出しのよい／格好良い
　こせこせした：ちまちまとした／こぢんまりした／自信のない／貧相な／みすぼらしい／見栄えの悪い

● 程度表現
　ほんの（わずか・少し・ちょっと）／わずかばかりの／わずかな／ちょっぴり／ちょっと／多少／どちらかと言えば／比較的／やや／少し／だいぶ／かなり／相当／たいへん／とても／実に／たいそう／すごく／非常に／えらく／ものすごく／めちゃくちゃ／きわめて／超／とびぬけて／とびきり／抜群に／他を圧する／最も／最高に／史上初の／最大の／最高の／記録破りの／類のない／前例のない／前代未聞の／想像を絶する／未曾有(みぞう)の／空前絶後の

動作・思考・主張

● 歩く・走る
　歩く：歩む／歩行する／散歩する／散策する／さまよう／うろつく／徘徊(はいかい)する
　走る：駆ける／駆け抜ける／走行する／走り抜く／疾駆(しっく)する／疾走する

● 立つ・座る・かがむ・仰向く(あおむ)・うつむく
　立つ：立ち上がる
　座る：座す／正座する／胡坐(あぐら)を組む／足を投げ出す／ひざを伸ばす／腰掛ける／脚を組む／ひじをかける
　かがむ：ひざを折る／腰をかがめる／中腰になる／腹ばいになる／這(は)う／這いずり回る／四つんばいになる
　仰向く・仰向けになる：仰ぐ／見上げる
　うつむく：うつぶせになる／見下ろす

● 寝る・起きる
　寝る：横になる／床(とこ)につく／ベッドに入る／休む／就寝する／眠る／睡眠する／寝つく

起きる：起き上がる／起床する／目を覚ます／目覚める／眠りから覚める／覚醒する

●考える・思う
　考える：考え抜く／考察する／思考する／考慮する／熟考する／熟慮する
　思う：思慮する／思念する／念ずる／思惟(しい)する／思索する／洞察する／物思う／物思いにふける／配慮する／思いやる／思いをはせる／思い込む／思い入れる／思い出す／回想する／構想する／意図する／図る／謀る／企図する／企画する／夢想する／夢見る

●頭を使う・気を使う・心配する
　頭を使う：頭を働かせる／頭を用いる／智恵(ちえ)を働かせる／創意工夫する／アイディアを練る
　気をつかう：気を配る／気にする／気にかける／気に留める／察する／慮(おもんぱか)る／心に留める／心を砕く／神経を使う
　心配する：懸念する／危惧する／憂慮する／苦慮する

●言う・主張する・問う
　言う：話す／しゃべる／語る／述べる／述懐する／陳述する／開陳する／断言する／洩(も)らす／吐露する／吐く／言及する／言い及ぶ／触れる／言い募る／言い残す
　主張する：訴える／強調する／見方を示す／見解を打ち出す／考えを明かす
　問う：問いかける／問いただす／問題にする／問題視する／問題を提起する／提議する／提案する／唱える／提唱する／主唱する／糾弾する／糾明する

●議論する
　議論する：論ずる／話し合う／討論する／討議する／評議する

●判断する・評価する
　判断する：判定する／断定する／決する／見定める／見究める／見方を示す／〜と見る

言い換え表現一覧

(高く・低く) 評価する：ほめる／賞賛する／賞揚する／絶賛する／認める／認めない／酷評する／けなす／くさす／批判する／非難する

● 賛成する⇔反対する
　賛成する：賛同する／賛意を表す／同意する／肯定する／是認する／支持する／受け入れる／受容する／肯(うなず)く／肯(うべな)う／首を縦にふる
　反対する：否(いな)む／否定する／拒(こば)む／拒否する／抗(あらが)う／抵抗する／首を横にふる

● 求める・追う・集中する
　求める：要求する／要請する
　追う：追求する／追い求める／究(きわ)める／追究する／考究する／究明する／解明する／解き明かす／探る／探求する
　集中する：専心する／専念する／打ち込む／熱中する／凝る／はまる

● 推量する・省(かえり)みる
　推量する・推し量る：推測する／想像する／推察する／予測する／予想する／予見する／占う
　省みる：反省する／内省する／省察する／顧(かえり)みる／回顧する／振り返る／思い返す

◇料理・食事

● 調理
　調理する：料理する／炊事する／煮炊きする／おさんどんする／クッキングする／料理に腕をふるう
　下ごしらえ：(材料を)寝かせる／あくを抜く／あくを取る／臭みを取る／苦みをとる／下茹(したゆ)でする／ふるいにかける／こす／裏ごしする／だしをとる／塩もみする／もむ／ちぎる／固める／芯(しん)をくり抜く／葉をはがす／へたをとる／冷蔵する／冷凍する／解凍する／冷ます／冷やす／計る／計量する

水：水につける／ひたひたになるまで水を入れる／ひたす／うるかす／水にさらす／溶かす／水で戻す／水を切る／水洗いする／水分を飛ばす
湯：温める／沸かす／お湯を沸かす／沸騰させる／湯通しする／茹でる／蒸す／蒸かす
切る：輪切りにする／さいの目に切る／乱切りにする／小口切りにする／斜め切りする／一口大に切る／みじん切りにする／千切りにする／短冊に切る／ぶつ切りにする／切れ目を入れる／刻む／切り刻む／削ぐ／魚を三枚におろす／串に刺す／皮をむく／はぐ／はがす
つぶす：叩く／する／すりつぶす／練る／練り込む
火：火を通す／火を強める／火を弱める／火を止める／火にかける／強火で焼く・煮る／中火で焼く・煮る／弱火で焼く・煮る／温める／加熱する／（電子レンジで）チンする／レンジする
焼く：焼き上げる／あぶる／こんがりと焼く／焦がす／焦げ目をつける／焼き目をつける／煎じる
煮る：煮立てる／ひと煮立ちさせる／煮込む／煮詰める／煮しめる／味をしみこませる／煮崩れる／とろみが出る
炊く：炊き上げる／炊き込む／炊飯する／飯を炊く
混ぜる：かき混ぜる／混ぜ合わせる／まぶす／泡立てる／攪拌する／溶かす／溶き合わせる／合わせる／添える／塗る
油：炒める／揚げる／から揚げにする
和える：おろす／（酢で）締める／付け合わせる
調味：味つけをする／味を調える／だしを取る／塩こしょうする／振る／かける／ふりかける／漬ける／漬け込む／足す／薄める／辛味・苦みを抑える／甘口にする／辛口にする

● **食べる**

動作：盛る／盛りつける／よそう／注ぐ／入れる／つまむ／つかむ／切る／刺す／すくう／小皿に移す
口：口にする／口に運ぶ／食べる／食う／味わう／味見する／毒見する／嚙む／嚙みしめる／飲む／飲み込む／飲み下す／吸う／すする／なめる／舌なめずりする／舌鼓を打つ

言い換え表現一覧

うまさ：おいしい／うまい／絶品だ／後味が良い／香りがよい／のどごしがよい／口に合う／ほおが落ちる／五臓六腑にしみわたる

まずさ：まずい／くどい／後味が悪い／口に合わない／舌にざらつく

濃い：味が濃い／重い／こってりしている／まったりしている／濃厚だ

薄い：味が薄い／あっさりしている／さっぱりしている／淡白だ

味覚：甘い／甘ったるい／まろやか／甘酸っぱい／辛い／ほろ苦い／苦い／すっぱい／しょっぱい／渋い／えぐい／えがらっぽい／香ばしい／とろみがある／とろける／まろやか／刺激がある／舌にぴりぴり来る／舌がひりひりする／鼻につんと来る／鼻に抜ける／歯ごたえがある／歯ごたえが良い

食欲：食欲がある／食欲がわく／食欲が出てくる／食欲が増進する／食欲がない／食欲がなくなる／食欲が落ちる／食欲が減退する／食欲不振だ／お腹がすく／お腹が減る／お腹が一杯になる／満腹になる／腹八分目にする／腹が一杯になる／腹が減る／空腹だ

程度：暴飲する／暴食する／暴飲暴食する／食べ過ぎる／食べ飽きる／飽食する／痛飲する／深酒する／絶食する／断食する／節食する／食べ足りない／偏食する

書き終えた後にすること

　文章を書き終えた後には推敲(すいこう)をします。これをしっかりやらないと、本当の意味で完成したとは言えません。

　以下のチェックポイントを参考にしてください。

形式面
①　ワープロ書きはプリントアウトする。
②　誤字・脱字（特に固有名詞に注意）、表記ルールの違反はないか。
③　句読点は正しく打たれているか。
④　漢字にすべき言葉をきちんと漢字にしているか。
⑤　漢字とひらがなの使い分けがきちんとできているか。
⑥　文体（敬体・常体）は統一されているか。
⑦　言葉・表現のレベルを読み手に合わせているか。
⑧　口語、俗語、仲間内の言葉などが交ざっていないか。
⑨　難解な専門用語に説明がつけられているか。
⑩　カタカナ語、疑問符（？）や感嘆詞（！）が乱用されていないか。
⑪　想定された字数、制限字数に収まっているか。
内容面
⑫　主部と述部がねじれを起こしていないか。
⑬　複数の修飾語・修飾句がある場合、語句の位置は適切か。
⑭　段落分けを、中心話題が変わるごとにきちんとしているか。
⑮　声を出して読んでひっかかる所はないか（そこが要修正箇所だ）。
⑯　伝えたい内容がきちんと伝わるか（達意の文章）。
⑰　中心論点とそれに対する主張は明快か。主張を強い客観的根拠が支えているか。
⑱　「他者の眼」で見よう。可能なら、時間を置いて見直そう。頼れる人に見てもらおう。
⑲　全体の整合性を再点検しよう。

● 著者

小笠原信之（おがさわら のぶゆき）

新聞記者を経てフリージャーナリスト、東京大学客員教授。東京都出身、北海道大学法学部卒。医療・ジャーナリズム・アイヌ差別問題などの著書・訳書は30点を超える。著述の傍ら神田外語学院や成蹊大学で外国人に日本語を、「編集の学校／文章の学校」などでライターのプロや志望者に記事の取材・執筆法を、一般社会人に実用文の書き方を、河合塾KALSで大学受験生に小論文をそれぞれ教える。多分野にわたる"教え子"は数千人に上り、論理立てたわかりやすい指導に定評がある。

○著書
著書：『日本語のトリセツ』（雷鳥社）、『日本語表現便利帳』『分野別日本語の慣用表現』（専門教育出版）、『ペンの自由を貫いて』『アイヌ近現代史読本』『医療現場は今』（緑風出版）、『しょっぱい河』（影書房）、『「がん」を生きる人々』（時事通信社）、『塀のなかの民主主義』（潮出版社）など

共著：『チンチン電車と女学生』（日本評論社）など

訳書：『操られる死』（時事通信社）など

伝わる！ 文章力が身につく本

著　者　小笠原信之
発行者　高橋秀雄
編集者　原田幸雄
発行所　高橋書店
　　　　〒112-0013　東京都文京区音羽1-26-1
　　　　編集 TEL 03-3943-4529 ／ FAX 03-3943-4047
　　　　販売 TEL 03-3943-4525 ／ FAX 03-3943-6591
　　　　振替 00110-0-350650
　　　　http://www.takahashishoten.co.jp/

ISBN978-4-471-19116-0
Ⓒ OGASAWARA Nobuyuki　Printed in Japan
定価はカバーに表示してあります。
本書の内容を許可なく転載することを禁じます。また、本書の無断複写は著作権法上での例外を除き禁止されています。本書のいかなる電子複製も購入者の私的使用を除き一切認められておりません。
造本には細心の注意を払っておりますが万一、本書にページの順序間違い・抜けなど物理的欠陥があった場合は、不良事実を確認後お取り替えいたします。下記までご連絡のうえ、小社へご返送ください。ただし、古書店等で購入・入手された商品の交換には一切応じません。

※本書についての問合せ　土日・祝日・年末年始を除く平日9：00～17：30にお願いいたします。
　内容・不良品／☎03-3943-4529（編集部）
　在庫・ご注文／☎03-3943-4525（販売部）